從畫板起筆，一代動畫大師用夢想繪製的奇幻王國

潘于真，蒲永平 著

繪夢者
華特
迪士尼 的 不朽傳奇

Walt Disney

從一隻老鼠展開的旅程，

陪伴好幾代人度過童年的「迪士尼動畫」，華特·迪士尼用一生心血
打造的夢幻王國，一座充滿歡樂、奇幻、夢想、童話和愛的樂園！

拍攝首部長篇動畫電影、推出彩色卡通、創造無數經典角色
用繪畫和電影改變世界，留下超越百年的經典文化
——Walt Disney

目錄

目錄

目錄

前言

著名學者培根（Francis Bacon）說：「用偉大人物的事蹟激勵我們每個人，遠勝於一切教育。」

的確，崇拜偉人、模仿英雄是每個人的天性，人們天生就是偉人的追星族。我們每個人在追星的過程中，帶著崇敬與熱情沿著偉人的成長軌跡，陶冶心靈，胸中便會油然升起一股發自心底的潛力，一股奮起追求的衝動，去尋找人生的標竿。那種潛移默化的無形力量，會激勵我們嚮往崇高的人生境界，獲得人生的成功。

浩浩歷史千百載，滾滾紅塵萬古名。在我們人類歷史發展的過程中，出現了許多可歌可泣、光芒萬丈的人間菁英。他們用揮毫的筆、過人的智慧、卓越的才能書寫著世界歷史，描繪著美好的未來，不斷創造著人類歷史的嶄新篇章，不斷推動著人類文明的進步和發展，為我們留下了許多寶貴的財富和財富。

這些偉大的人物，是人間的英傑，是我們人類的驕傲和自豪。我們不能忘記他們在那歷史巔峰發出的洪亮聲音，應該讓他們永垂青史，英名長存，永遠紀念他們的豐功偉業，永遠作為我們的楷模，以使未來的時代擁有更多的出類拔萃者，以便

前言

開創和編織更加絢麗多姿的人間美景。

我們在追尋偉人的成長歷程中會發現，雖然每一位人物的成長背景各不相同，但他們在一生中所表現出的辛勤奮鬥和頑強奮鬥精神是殊途同歸的。這正如愛默生（Ralph Waldo Emerson）所說：「偉大人物最明顯的象徵，就是他們擁有堅強的意志，不管環境怎樣變化，他們的初衷與希望永遠不會有絲毫的改變，他們永遠會克服一切障礙，達到他們期望的目的。」同時，愛默生又說：「所有偉大人物都是從艱苦中脫穎而出的。」

偉大人物的成長也具有其平凡性，關鍵是他們在進行人生不懈追求的過程中，從日常司空見慣的普通小事上，激發出了生命的火花，化渺小為偉大，化平凡為神奇，獲得靈感和啟發，從而獲得偉大的精神力量，去爭取成功，這是我們每個人都要學習的。

正如學者吉田兼好所說：「天下所有的偉大人物，起初都很幼稚而有嚴重缺點，但他們遵守規則，重視規律，不自以為是，因此才成為一代名家，成為人們崇敬的偶像。」

人物簡介

華特・埃利亞斯・迪士尼（Walter Elias Disney，1901 至 1966），美國著名導演、製片人、編劇、配音演員和卡通設計者。1901 年 12 月 5 日出生於美國芝加哥。

1918 年，迪士尼將年齡虛報了一歲，參加了紅十字會，當上救護車的駕駛。

1922 年，迪士尼辭去了廣告公司的工作，籌了 1,500 美元，創辦了動畫製作公司。結果資金被偷，公司宣告破產。

1923 年夏天，迪士尼來到好萊塢，和哥哥洛伊（Roy Oliver Disney）湊了 3,200 美元成立了「迪士尼兄弟動畫製作公司」。

1928 年，迪士尼創造了米老鼠這一經典卡通形象，被稱為米老鼠之父。

1954 年，迪士尼開始製作電影，並於 1961 年在電視上獲得了良好的視覺效果。

第二次世界大戰後，迪士尼於 1955 年在洛杉磯建立了迪士尼樂園。之後，他又在美國東部的佛羅里達州建了一座規模更大的樂園。

1966 年 12 月 15 日，剛剛度過了 65 歲生日的迪士尼病逝。

人物簡介

✍ 成就與貢獻

惹人喜愛的動畫明星米奇和唐老鴨的形象從 1930 年代開始風靡世界，歷久不衰，深受成人和兒童的喜愛。

他們的「父母」迪士尼也被人們稱為卡通大王。他是有聲動畫和彩色動畫的創造者，曾榮獲奧斯卡金像獎。後來，他又根據這些可愛的螢幕形象設計和建立了被稱為世界第九大奇蹟的迪士尼樂園。

迪士尼創作了世界上第一部有音效的卡通電影《汽船威利號》(*Steamboat Willie*)、世界上第一部長篇卡通電影《白雪公主和七個小矮人》(*Snow White and the Seven Dwarfs*) 以及《小飛象》(*Dumbo*)、《小鹿斑比》(*Bambi*) 等眾多影響世界、老少皆宜的優秀卡通。

迪士尼是美國的一位英雄人物，他創造了米奇這個卡通形象，並且改變了美國文化。

迪士尼的成功是非常獨特的，他把動畫電影帶進了藝術的殿堂，並且對世界民間藝術作出了重大的貢獻。

✍ 地位與影響

迪士尼是一個傳奇，他創造了卡通人物米老鼠，製作了電影史上第一部完整的動畫電影，建立了迪士尼主題樂園，創立

了現代化多媒體公司，他的創意改變了世界的面貌。

　　迪士尼稱得上是 20 世紀的英雄。

　　迪士尼不是醫生，他勝過醫生。他用自己的職業，去醫治人類的心靈。他在這方面的作用，也許會超過世界上任何一位心理醫生。

人物簡介

樂在苦中的童年時光

能夢得到的，就能做得到。

——迪士尼

生來對動物的深愛

華特・迪士尼 1901 年 12 月 5 日出生在美國的芝加哥。他的名字隨著米老鼠與唐老鴨的問世開始享譽世界。

迪士尼的曾祖父阿倫德爾（Arundel Elias Disney）生於西元 1801 年。為了尋求新生活，阿倫德爾與兄弟於西元 1834 年 9 月攜帶家眷從利物浦上船，開始了美國之行。阿倫德爾和妻子一共生了 16 個孩子。凱普爾・迪士尼（Kepple Elias Disney）是長子，他是西元 1832 年在愛爾蘭出生的。

西元 1878 年，凱普爾夫婦帶著他們的兒子，離開了漫長冬日的加拿大，向加州遷移。

西元 1888 年，28 歲的埃利亞斯（Elias Disney）與 19 歲的弗羅拉（Flora Call Disney）結為伉儷。婚後，埃利亞斯便關閉了農莊，重新買了一家旅館。但不久觀光業日趨蕭條，旅館也不得不關門。這時，他們的第一個孩子赫伯特（Herbert Arthur Disney）已經出生了。

1901 年 12 月 5 日，埃利亞斯的第四個兒子華特・迪士尼出生於芝加哥。他比 3 個哥哥都漂亮，性情溫和、乖巧，得到母親特別的寵愛，幾個哥哥也很喜歡這個弟弟。

三哥洛伊經常推著嬰兒車帶他出去，並高興地用賺來的一

點錢買玩具給他。

埃利亞斯家的第五個孩子是個女孩，比迪士尼晚兩年半出生，名叫露絲・弗羅拉・迪士尼（Ruth Flora Disney）。這個時候，埃利亞斯越來越注重在大城市中對子女的教育，這是因為附近的兩個青年在一次搶案中毅死了一名警察而被捕。最後，他決定離開這個罪惡的城市，搬到純樸幽靜的鄉下去。

埃利亞斯的弟弟一家住在密蘇里州的馬賽林，那裡有肥沃的土壤、青翠的山林，丘陵起伏，氣候怡人，而且那裡有煤礦和石油，各行各業都很繁榮，購買東西也極為方便，經濟發展很穩定。

於是，埃利亞斯便也搬到了密蘇里州的馬賽林。美國許多小鎮都是因為鐵路而興盛起來的，馬賽林也不例外。馬賽林鎮位於密蘇里州中央的林恩郡旁。過去只是一個偏僻的小村莊，一條鐵路從村旁經過直通 120 公里以外的堪薩斯市，靠著鐵路小鎮逐漸繁榮起來。

迪士尼的父親買下了一座農場。這個農場有一個好聽的名字「仙鶴農場」。

迪士尼就是在農場度過了他的童年時光。農莊非常美麗，農莊前有一大片草地，周圍有幾棵柳樹，柳條隨風擺動。農場有新舊兩個果園，園中有各種果樹。仙鶴農場面積為 48 英畝，

可以種植水果兼畜牧業。

迪士尼當時只有 5 歲。埃利亞斯安排他的兩個哥哥幫助他在芝加哥收拾行李，所以讓妻子帶著洛伊、迪士尼和妹妹先去新家。

農場的房子大而寬敞，正門前恰好長有一棵高大的榆樹，繁茂的枝葉給屋頂和門廊上投下了誘人的濃蔭。在等父親和兩個哥哥帶來傢俱的期間，迪士尼他們和媽媽都住在房子裡。晚上他們就在那間空房子的硬地板上睡覺，一點也不覺得難受。

媽媽藉著燭光念故事給他們聽，哄他們睡覺。孩子們一聽到屋外貓頭鷹陰森的叫聲就渾身發抖，這時媽媽就不停地給孩子們壯膽，讓孩子們覺得自己就像開拓者，正在進行一次了不起的冒險。

3 個孩子一見到他們的新家就被迷住了。新家在一片蔥綠的鄉間，蘋果園和李子園裡的花正含苞待放，孩子們覺得這是一個美麗的地方。他們就像一隻快活的小鹿，迫不及待地扎進了大自然之中。

一週後，埃利亞斯、赫伯特和雷蒙德（Raymond Arnold Disney）從芝加哥搭乘一輛貨車來到農場。車裡不僅有傢俱，還裝著兩匹馬。當時大家過得都很開心，而在父親和兩個哥哥到後，孩子們反倒覺得不自在了。

　　仙鶴農場的四周是一望無際的草地，一條小溪從草地上流過，像一條銀色的帶子。溪水清澈見底，小魚在水中自由自在地游來游去，草地上開滿了大大小小的野花，大家一下就採了一大把。

　　忽然，迪士尼驚喜地喊起來：「兔子！是兔子！」

　　只見一隻灰色的野兔正從草叢裡鑽出來，牠長著兩隻碩大的耳朵，一雙小眼睛警覺地東張西望，尤其是牠的嘴巴上長著幾根稀疏的鬍子，讓迪士尼覺得很好玩。

　　迪士尼張開雙手向野兔跑過去，可是野兔一下就鑽進草叢裡了。

　　迪士尼十分委屈地對哥哥說：「我並沒有想要傷害牠，可是牠還是跑了。」

　　「兔子總是怕人的。」洛伊解釋說，「雖然你不想傷害牠，可是牠並不知道。」

　　「我會讓牠知道的。」迪士尼有把握地說，「我想，我們可以成為朋友。」

　　後來，洛伊不能經常和弟弟一起玩耍了，因為農場需要勞力，父親要求 3 個年紀較大的兒子和他一起去工作。每天，父親和 3 個哥哥外出工作，母親照料家務，而迪士尼和妹妹露絲的「任務」就是玩。迪士尼已經熟悉了仙鶴農場的環境，他一天

到晚在外面奔跑，不到肚子餓時絕不回家。

在離農場稍遠的地方，有一片樹林，參天的大樹鬱鬱蔥蔥，他第一次看見附近樹林中的胡桃樹、柿子樹、野葡萄及野櫻桃。這些樹結果時，人們可以任意採食。那裡還有許多小動物是在芝加哥無法見到的，像狐狸、兔子、松鼠、雲雀、蒼鷹、烏鴉、燕子、啄木鳥等。

那片樹林就成了迪士尼的樂園，他在這裡試圖和一切動物交朋友，他很想養一隻活蹦亂跳的小動物。有一段時間，他不再經常往草地和樹林裡跑，而是更喜歡躲在果園裡獨自玩耍。

果園裡另有一番情趣，在這裡有蝴蝶飄飄搖搖地飛，蜜蜂唱著歌在忙碌，有時螞蟻們會成群結隊地拖一隻不慎掉下樹的蟲，翻開泥土還可以看到把身體埋在地下的蚯蚓。

迪士尼往往一連幾個小時蹲在樹下，沉浸在他自己的樂趣之中。

有時，在果園裡工作的父親和哥哥們竟然不知道迪士尼就在不遠的地方，正在開闢著一個屬於他自己的世界。

蝴蝶、蜜蜂、螞蟻和蚯蚓比較容易抓到，牠們不像野兔那樣疑心大而且動作敏捷。不過，捉蜜蜂時要小心不被螫到，迪士尼可沒少吃蜜蜂的苦頭。

但是，迪士尼依舊對小動物們充滿著熱情。

內心善良的少年

迪士尼的 3 個哥哥和父親已經趁著春天開始耕地了，他們把大部分的土地用來種玉米，其餘的就種小麥和大麥。埃利亞斯買了乳牛生產牛奶，又買了豬、雞和鴿子來飼養，等長大了便殺了吃掉。

哥哥們已經沒有時間帶迪士尼去玩了，仙鶴農場有幾十公頃的土地需要耕種，還有兩個果園也需要管理。

孩子們的母親從早忙到晚，除了替丈夫和孩子們煮一些吃的東西，幫他們洗衣服、縫補襯衫及外套，還要挖掘菜園，做奶油，以便到雜貨店去換一些必需品。

母親弗羅拉做的奶油香醇而且味道鮮美，因此雜貨店的老闆特別設了一個櫃檯來賣她做的奶油。

迪士尼因為年幼，就跟在母親的身邊幫忙。他又瘦又高，一頭蓬鬆的黃髮，並且總喜歡好奇地四處看，眼睛轉個不停，好像每個東西對他來講都很新鮮。他的妹妹小露絲則跟在他後面，形影不離。

他們搬來後，鄰居告訴他們田裡有長耳朵大野兔，要防止牠們破壞農作物。他勸迪士尼一家把牠們殺光，否則牠們會把所有東西都啃個一乾二淨。他又說長耳朵大野兔的肉非常好吃。

但是，小迪士尼一想到要傷害小動物就感到一絲莫名的恐慌。

　　在他童稚的心中，一切生命都是平等的，他的思考著：為什麼人就不能和動物們成為朋友呢？為什麼鄰居叔叔要傷害牠們呢？

　　小迪士尼多麼想和動物們交朋友啊！於是，他飛快地跑到動物們的身邊，可惜的是，他的一切努力都沒用，動物們對他敬而遠之。

　　迪士尼善良的願望得不到回報，這使他感到孤獨和委屈。他不能和蝴蝶、蜜蜂、螞蟻、蚯蚓們交流，好像有一堵無形的牆，把它們和人類隔絕開。

　　幼年的迪士尼為此深感悲傷。

　　有一天，風和日麗，藍天籠罩著曠野，草地上充溢著泥土的芳香，大自然顯得溫柔又安寧。迪士尼趴在牧場那濃密的草叢中仔細觀看著小動物的一舉一動。

　　兔子在春風裡快活地嬉戲奔跑追逐，有的還擺弄著自己那小小短短的尾巴，有的甚至還能站起來奔跑幾步。迪士尼為自己能見到兔子的真面目而激動不已。

　　迪士尼的哥哥洛伊則較實際。在去馬賽林農場的路上，他們曾去探望弗羅拉出嫁的妹妹。臨別時洛伊收到姨父送的一支

氣槍，讓他去獵他家農場附近會偷吃作物的鵪鶉。

此時洛伊舉起槍，一槍命中灌木叢中的野兔。當這兩個男孩跑過去時，這隻可憐的小動物還在掙扎。

迪士尼看到哥哥伸手抓起野兔擰斷牠的脖子時，眼淚不禁奪眶而出。

迪士尼憤怒地吼了起來：「洛伊，你這個兇手！是你殺了我的小兔子，牠是我的好朋友！」

「這不可能。」哥哥洛伊笑著說道，「人和動物不能成為朋友，尤其是野生的動物。」

迪士尼大哭起來，拚命搖著哥哥的手臂，絕望地叫著：「洛伊，你這個壞蛋、惡人！把小兔子還給我！我要你把小兔子還給我！」

哥哥洛伊大聲地說：「野兔是一種有害的動物，這些長耳朵的傢伙會啃光所有的農作物。在全美國，沒有任何一條法律禁止打野兔。」

迪士尼搖搖頭，繼續大哭著：「不不不！我禁止，我禁止……」

看到弟弟難過的樣子，洛伊摸摸迪士尼的黃頭髮，安慰道：「別傷心了，今天晚上會有烤兔子吃的。」洛伊說完，就回去了。

這天，迪士尼特別晚回家，到家時晚餐已經煮好了。飯桌

上果然有一隻烤兔，可是迪士尼一口也不肯吃，早早回房睡覺了。

不久後又發生一件事，更是令迪士尼終身難忘。

有一年夏天，他在果園中玩耍，一抬頭，看見一棵果樹上蹲著一隻罕見的大鳥。牠閉著眼睛，夕陽的餘暉為牠的毛髮鍍上了一層金光。

「貓頭鷹！」迪士尼驚叫起來。迪士尼見過牠的圖片，所以一眼就認出來了。

雖然貓頭鷹總是在夜間出沒，白天在比較隱蔽的地方休息，一般很難見到，但這隻貓頭鷹或許是昨晚在果園裡捉田鼠，天亮時沒飛走，才讓迪士尼看見牠。

迪士尼感到非常好奇。「我要得到牠，並且養牠。」迪士尼對自己說。

迪士尼不假思索，躡手躡腳地向那棵果樹走去。貓頭鷹察覺到有人靠近，發出一種不安的聲音，而且張了張翅膀，好像馬上就要飛走。迪士尼太喜歡這隻鳥了，他不能讓牠飛走。情急之下，他不顧一切地撲了上去。

可是受到驚擾的貓頭鷹尖叫起來，並伸出利爪狠狠地抓了一下。迪士尼的手被抓破了，開始流血。貓頭鷹並沒有飛走，仍然蹲在那裡。而迪士尼卻生氣了，他要教訓這隻貓頭鷹。

悲劇發生了，貓頭鷹被他狠狠摔在地上，像是一隻裝滿東西的袋子，接著迪士尼又上前踩了一腳。

貓頭鷹很快就不動了。迪士尼小心地用樹枝將貓頭鷹翻身，發現貓頭鷹已經死了。迪士尼坐在貓頭鷹的屍體旁邊，腦袋裡一片空白，不知過了多久，他開始覺得手有些痛，剎那間竟覺得心也痛起來了。

迪士尼想：「天啊！我剛才都做了什麼啊！」

迪士尼突然想起那隻野兔死時的慘狀，想起哥哥洛伊殘忍地扭斷兔子的脖子，想起自己對洛伊的背影大喊「兇手」，而現在，自己竟也扮演了和洛伊同樣的角色！

迪士尼心裡非常懊悔，但貓頭鷹已經死了，他要把牠送回到樹上去，讓牠還蹲在那裡，一切恢復原狀。可是，他的所有努力都是徒勞的，貓頭鷹的屍體已經開始變硬了。

迪士尼後悔不已，他只好挑了一個好地方，小心翼翼地將牠埋了，還立了一個小墓碑。迪士尼學著大人們的樣子，為貓頭鷹舉行了只有他一人參加的葬禮。這之後的好幾個月，迪士尼都很難過，常在夢中看到那隻貓頭鷹。

堅忍不拔的個性

儘管迪士尼想和野生動物親近的願望一再受挫,但和家中的動物交朋友容易多了。他所管轄的那些豬和鴨子早已熟悉了牠們的小主人。

迪士尼特別喜愛小動物,家裡有一頭小豬,出生時十分瘦小,大家幫牠取名叫小瘦子。父親埃利亞斯說:「小瘦子是長不大的。」

按照慣例,這樣弱小的豬一般都會殺掉,以免白白浪費飼料,由於迪士尼堅決不肯,總算給小瘦子留了一條活路。

迪士尼用奶瓶親自餵小瘦子,後來小瘦子逐漸長大,放牧時牠總是形影不離地跟在迪士尼身邊。

家裡的兩匹馬中,有一匹叫查利,洛伊就是用牠來學習騎馬的。迪士尼的腿還不夠長,騎不了這匹馬。

有一天,迪士尼在草地上放牧,洛伊騎馬跑來看他。洛伊騎在查利上面顯得特別神氣。迪士尼也想像洛伊那樣騎在馬上兜風,可是他的年紀實在太小,無論如何就是爬不上去。

「你也想騎馬?」洛伊笑道,「我看你還是騎豬吧!」

哥哥的一句話,迪士尼還當真了。他想:「對呀!既然不能騎馬,那麼就騎豬好啦!」

迪士尼立即開始在豬群中尋找滿意的「坐騎」。

小瘦子顯然不行，雖然牠很願意為主人效力。找來找去，迪士尼選了一頭名叫波克的大豬。波克有著粗壯的骨骼，寬厚的背脊。「騎在牠身上一定很舒服。」迪士尼心想，不動聲色地來到波克的身邊，趁牠不注意，雙手抓住牠的大耳朵，猛然躍起，騎到牠身上。

波克嚇了一跳，嚎叫著在草地上狂奔，在農場裡亂跑亂叫，把正在晒太陽的鴨子嚇得「嘎嘎」叫著四下逃竄。小瘦子也驚恐地躲到了一邊。

迪士尼臉色煞白，緊緊地抱住波克的脖子，想慢下來已經來不及了。過了一會兒，波克就把他重重地摔在地上，迪士尼躺在地上爬不起來。

忽然他覺得有一股熱氣噴在臉上，抬頭一看，原來是小瘦子正在用長長的嘴巴撞他呢！牠想幫主人站起來。迪士尼一躍而起，再次騎到波克的身上。波克仍然是狂奔不止。就這樣，迪士尼接二連三地被摔倒在地上。

一次，憤怒的波克衝進池塘，把他甩進水裡。當迪士尼從溪水中爬出來時，他的衣服溼透了，臉上還沾滿了泥。波克卻像是獲得了很大樂趣似的，站在池塘邊，搖著尾巴。

當天晚上回到家，媽媽見迪士尼的衣服又溼又髒，迪士尼

只說是不小心跌到溪裡。性格堅強而又好勝的迪士尼心裡想：「波克，你等著，我一定要征服你！」

　　每天，迪士尼都要騎到波克的身上。但是，波克照樣奔跑，迪士尼照樣摔倒。不過，迪士尼也摔出了經驗，他摔倒時，一定要側身，讓屁股先著地，這樣才不會太痛。另外，他還努力避免掉到水裡去，不能把自己弄得太狼狽。

　　這是一場毅力的比賽。波克在頑強的主人面前，早已無可奈何了。雖然總能將主人摔到地上，可是不能像同伴那樣去覓食，不能去喝水，不能自在的晒太陽，每天都精疲力竭，也總是吃不飽。

　　終於有一天，波克不再發狂了，而是只顧吃草，牠必須填飽肚子。狂暴的波克就這樣屈服了。迪士尼又訓練波克聽從命令，讓牠走牠就走，讓牠停牠就停。從此，迪士尼有了自己的坐騎。

　　沒過多久，三哥洛伊又來看弟弟了，他驚訝地發現弟弟騎著豬在草地上放牧，威武得像個將軍。在迪士尼的身後還跟著另一頭豬，像是個保鏢，那是忠心耿耿的小瘦子。洛伊奇怪地說道：「真是不可思議！你是用什麼辦法讓這個蠢傢伙聽話的？」

　　弟弟狡點地眨著眼睛，說道：「我先和牠交朋友呀！我說過，人和動物是能成為朋友的。」

後來，迪士尼家的小兒子拿豬當馬騎的事就傳開了，好多人都想親眼看一看。

當時，剛好出產一種遠近馳名的「狼河蘋果」，果實很大，每年都有人專程來買。近年來買的人都想看看迪士尼騎豬的本領，迪士尼就不厭其煩地表演給他們看。埃利亞斯覺得這對蘋果的銷量有幫助，所以對小兒子的胡鬧沒有制止。

天生的繪畫才能

回憶迪士尼少年時代在農場的故事時，他們家人常會提到他第一次嘗試畫畫的情形。

有一次，迪士尼的父母和 3 個哥哥都到鎮上去了，把兩個最小的孩子留在家中。6 歲的迪士尼和 4 歲的妹妹露絲如今成了仙鶴農場這塊小小領地上的主人了。這樣的機會很少，以往大人們在家的時候，是有著各種限制的。

今天沒有人管，迪士尼和露絲決定盡情地玩。一開始他們裝扮小動物，後來就玩捉迷藏。在玩捉迷藏時，他們無意中發現倉庫中有一桶奇怪的東西，又黑又稠。

「這是什麼呀？」露絲問道。

「我也不知道。」迪士尼打量著那桶黑色的東西。

兄妹兩人你看看我，我看看你，誰也無法回答。他們實在太小了，不知道這是一桶焦油。焦油用來塗在木頭上，為了讓埋在地下的木頭不容易腐爛。

露絲覺得焦油不能玩，說：「這東西好髒！還有一股怪味，我們快走吧！」

迪士尼突發奇想，說道：「我覺得用這個畫畫一定很不錯，我們來畫畫吧！」

「畫畫？」露絲驚訝地說，「畫在哪裡呀？」

「畫在牆上啊！」迪士尼躍躍欲試地說，「我看大人們就是畫在牆上的。」

迪士尼曾經見過壁畫，他以為圖畫就是要畫在牆上。

於是，他們費了好大的力氣，把那桶焦油搬到院子裡。對面有一面白色的牆。迪士尼搬來椅子，準備作畫。

忽然，露絲有些膽怯，說道：「把牆弄髒了，爸爸媽媽回來會生氣的。」

「不怕。」迪士尼有把握地說，「到時候，我們可以把牆擦乾淨嘛！」

於是，他們開始作畫了。這是一幅風景圖，仙鶴農場的景色成了壁畫的題材。迪士尼站在椅子上，負責畫天空和村莊，

露絲則負責畫大地和花草。

弄了好久，一幅壁畫終於誕生了。壁畫的主體是迪士尼畫的，他畫了遠處的山巒和樹林，近處是果園和房屋，他還把每座房子畫上縷縷炊煙。露絲畢竟年幼，她畫的大地只不過是一些彎彎曲曲的曲線。

迪士尼沉浸在了他的畫中，旁邊的露絲突然說：「快把畫擦掉吧！爸爸媽媽快要回來了。」

迪士尼抬頭看天空，只見天色已晚。儘管有些捨不得，迪士尼還是決定把壁畫擦掉。

但是，他們發現焦油根本擦不掉，於是開始緊張。不久，父母和 3 個哥哥從鎮上回來了。他們的父親是一個脾氣暴躁的人，一進家門就火冒三丈。

父親發脾氣時是會打人的，幾個男孩子全都被打過。迪士尼深深地低下頭去，而露絲早已恐懼得哭了起來。母親是一個寬容的人，看著那些畫讚嘆道：「這是什麼啊？這不是仙鶴農場嗎？畫得真不錯！」

3 個哥哥也都說畫得不錯。埃利亞斯一聽，轉過身去看牆上的那幅畫。那幅風景圖雖然畫得幼稚，倒也清新，在黑白兩色之間，洋溢著一股生命的韻律。他也懶得想辦法去擦那些焦油，「哼」了一聲轉身走了。

那幅風景圖就此留在迪士尼家的牆上，過了好多年。直至迪士尼全家搬走的時候，那些畫還留在牆上。壁畫面對馬路，凡到仙鶴農場來的人，一眼就能看到它。人們總要駐足觀看，有時還會說上幾句評語。

　　從此之後，迪士尼就迷上了畫畫。但是要畫畫，就要有畫筆和畫紙，迪士尼求父親買給他。

　　可是埃利亞斯一臉不屑地說：「買那東西做什麼？你想當畫家嗎？畫畫能過一輩子嗎？」

　　但迪士尼畫畫的熱情並沒有就此打消，反而更加強烈了。既然沒有畫筆和畫紙，迪士尼便找來替代品：家裡有取暖的木炭，可以當做筆；至於紙，只好用衛生紙。這兩樣東西都是家裡的常備品。

　　大自然中可以畫的東西很多，但迪士尼最常畫的還是小動物。他常常在野外一坐就是幾個小時，把小動物的各種形態勾勒下來。不過，小動物們並不配合，牠們總是在動，有時一張畫還沒有畫完，就已經消失得無影無蹤。

　　這就逼著迪士尼必須用最簡潔的線條把小動物捕捉到紙上，這樣他作畫的速度也就變快了。

　　農場上的動物雖然吵鬧，但若與父親和哥哥們相比，他還是更喜歡和牠們在一起。父親太嚴厲了，哥哥們比他大，妹妹露絲

又太小。而農場上的動物卻是形態各異，滿足了他感情上的需求。

迪士尼每天給那些小雞、小鴨餵食，慢慢地就熟悉了雞、鴨、鴿子的樣子和習性，他和牠們也都成了好朋友。

有一隻叫瑪莎的小母雞與他最熟。每當迪士尼叫牠時，牠就會走過來趴在他的手裡下蛋。

迪士尼的坐騎波克也讓他感到親切。波克既是個挑釁者，又是位好朋友。波克特別愛惡作劇，在牠鬧的時候，牠可以跟一隻小狗一樣調皮，像芭蕾舞演員一樣靈活。牠最喜歡悄悄地從迪士尼背後撞他一下，然後高興地「哼哼」著大搖大擺地走開。如果迪士尼被撞倒了，牠就更得意了。

後來迪士尼拍的動畫《三隻小豬》（*Three Little Pigs*）裡的那隻豬就是以波克為原型塑造的。

自從迪士尼開始畫畫，所有的小動物都成了他平日裡畫畫的素材。迪士尼幾乎到了一種痴迷的程度。因為他發現，同樣的小動物，只要作畫時的角度不同，或者牠們的姿態有所變化，畫出的畫就會不一樣。畫同一只小動物就會有無窮無盡的畫法。於是他接二連三地畫下去，畫技也就在不知不覺中得到提升。最後，迪士尼的畫居然累積了一大本，這使迪士尼感到興奮和驕傲。

有一次，迪士尼和妹妹露絲共同欣賞這本畫冊，他們忽然有了一個驚人的發現，在飛快翻動畫的時候，畫冊中的小動物

們好像動了起來，只見牠們時而轉動腦袋，時而弓起身子。這使迪士尼大為驚訝。

他們不斷地翻動，不斷地觀賞這一奇怪的景觀，並感到非常疑惑。他們不知道，這實際上就是動畫的原理。當連續的畫面透過電影膠片放映到螢幕上時，畫面上的景物就會動起來，這和飛快翻動的畫很相似。

在卡通電影上，每秒鐘要「翻動」24 張畫。這一道理，迪士尼是到好多年以後才知道的。

漸漸地，迪士尼的繪畫本領也出了名。

迪士尼家有一位鄰居是位醫生，他不止一次誇獎說：「這孩子將來說不定能成為一個畫家呢！」

迪士尼的母親聽了這話十分高興，而埃利亞斯卻不以為然。

有一天，迪士尼從他家門口經過，醫生對他招手，讓他進去。並且拿來了紙和筆，把他帶到馬廄前，說道：「替我的馬畫張肖像吧，我親愛的孩子。」

迪士尼有些受寵若驚，還沒有人找他作畫。他覺得唯有畫好這幅畫，才能對得起人家的信任。他使出全身解數。醫生的馬是這一帶出了名的好馬，栗色的毛皮油亮油亮的，馬頭高高昂起，馬鬃也精心梳理過，一切都顯示出牠的名貴。

迪士尼足足畫了兩個多小時。他是自學的，只因畫得多才得

心應手,線條也算流暢。他小心翼翼,把那匹馬畫得更像一些。

終於,一幅駿馬素描圖完成了,牠昂首青天,似在嘶鳴,馬鬃飄飄,充滿活力。

「好極了,這正是我想要的畫。」醫生高興地說,「好孩子,這幅畫我買下了。」

說著,他塞給迪士尼 5 分。

迪士尼嚇了一跳,他從來沒有過這麼多錢。他漲紅了臉說:「不行,我不能拿。」

「傻孩子,在這個世界上,任何服務都應該獲得報酬。」醫生和藹地說,「拿著吧!去買些筆和紙吧!」

可是迪士尼萬萬沒想到,當天晚上,那 5 分讓父親發現並沒收了。但是,這件事卻更促使了迪士尼對畫畫的熱愛與痴迷。

對世界有無窮的好奇心

春去夏來,秋往冬至,小迪士尼也漸漸懂事了。

迪士尼懂得了四季的變化,到了收穫蘆粟的季節時,他父親與哥哥就把收割回來的蘆粟莖放在壓榨機中。

迪士尼就牽著拉磨的馬繞圈,當看到蘆粟莖壓碎成糊狀時,

他便會高興地跳起來。這些糊狀物可以做成糖漿裝在大桶中，或者倒在薄薄的煎餅上當早餐吃，也可以加在蛋糕和薑餅中。

如果收成較好，還可以用吸管把多餘的糖漿收集起來，裝在陶壺中，送到鎮上的雜貨店去換一些東西。

豐收的季節，全農莊的人都會高興起來。麥子割下來後，農莊上便弄來了龐大的蒸汽式打穀機，把鄰居的車繫在打穀機的後面接穀子。

20 世紀是一個科學技術飛速發展的時代。當迪士尼一家在密蘇里州定居的時候，這裡已經修建了一條鐵路，而且就在離仙鶴農場不遠的地方。

迪士尼和妹妹露絲經常會聽到大人們談論有關火車的事情。有時候，他們在深夜裡還能夠聽到火車的轟鳴聲。他們的一個叔叔就是火車司機。每次他都會帶一大包糖果給孩子們吃。

不知從何時起，迪士尼開始喜歡火車。可是，迪士尼和露絲未能親眼看到火車。這天，露絲來到小河邊，恰好聽到火車的汽笛聲，好像就是從地平線那邊傳來的。深藏在小兄妹心中的渴望再也忍不住了。

露絲對哥哥說：「華特，你每天都能聽到汽笛聲，那麼你見過真正的火車嗎？」

迪士尼搖搖頭。

露絲繼續說：「唉！我都沒有見到火車呢，真的太遺憾了。如果我能看那麼一次，哪怕就一次，那該有多好……」

迪士尼聽著露絲的抱怨，突然靈機一動，認真地盯著露絲看了看，問：「你真的那麼想去看火車嗎？」

露絲肯定地對哥哥點點頭。

迪士尼接著說：「其實，鐵路離這裡一定不會很遠，如果我們現在去，太陽下山之前可以趕回來……」

露絲不敢相信地問：「你說的是真的嗎，華特？我們現在就去，天黑前就能回來？」

「當然！你想和我一起去嗎？」

露絲興奮地點點頭。

於是，他們便扔下豬、鴨，向著鐵路走去。

迪士尼和妹妹露絲走了很久，可是地平線總是遠遠地，鐵路也看不見。露絲實在是太累了，想哭，還蹲在地上賴著不走。

迪士尼只好一再鼓勵她，說：「其實鐵路就在前面不遠處！再堅持一下就能看見了。」

就這樣走走停停，當太陽偏西的時候，他們才看見鐵路。

兩條鐵軌臥在地上，不知哪邊是頭，哪邊是尾，反正兩邊都見不到盡頭。

他們看到鐵路非常高興，一路上的勞累全都拋到腦後去了。他們在鐵軌旁又蹦又跳。

　　突然，他們聽到了一陣陣轟隆隆的聲響。

　　「火車馬上要來了！」迪士尼大叫著，趕緊帶著露絲躲到了路基下面。

　　不一會兒，一條鋼鐵巨龍出現在遠方，很快就呼嘯著從他們眼前飛馳而過，剎那間連大地都震動起來了。

　　迪士尼記得叔叔說過，飛馳的列車是有吸引力的，他對妹妹說：「快，抓住地上的草，要不然火車會把你吸走！」

　　他們抓住地上的草，既緊張，又興奮。

　　就這樣，他們看了一列火車又一列火車經過，卻總是看不夠。每當列車從遠方開來時，他們就緊緊抓住地上的草，好像這樣能安全一些。

　　迪士尼帶著妹妹露絲走了不久後，媽媽就發現他們不見了。一時間，迪士尼家裡亂作一團，母親流淚，父親束手無策，三個哥哥只是徒勞地找遍農場的每個角落。

　　後來，有一位檢查線路的工人踏著枕木經過，他發現了迪士尼和露絲，感覺非常驚訝，因為他聽迪士尼說他們是從仙鶴農場來的，但是仙鶴農場距離這裡很遠！這位工人覺得這兩個小孩真了不起！

接著，好心的工人告訴他們一條近路，並且親自送他們一程。

迪士尼和妹妹在好心工人的帶領下，直至天黑才回到家中。

看到孩子們的歸來，母親和父親一顆懸著的心終於落了下來。

艱苦的成長歷程

是母親教迪士尼開始識字的。但是，為了等露絲一起上學，他到 7 歲才開始上學。

迪士尼總是喜歡問一些課堂外的東西，因為他覺得那些東西比功課有趣多了，這也是他成績不好的原因之一。迪士尼的父親脾氣十分暴躁，他動不動就發火，有時還會打孩子，全家人都怕他。

其實，他並不是壞人，他是一個勤勞的勞動者，總想過上富足美滿的好日子。可是他一沒資本，二不懂經營管理，所以貧窮總像影子一樣跟著他。

當初他把家從芝加哥遷到仙鶴農場，固然是出於對孩子們教育上的考量，但也有想在農業上投資的打算。他想做一個勤

勤懇懇的農民，換來一份安安穩穩的生活。

前幾年，靠著他和幾個兒子的勤奮，加上老天的恩賜，迪士尼一家的生活確實有所改善。那幾年，埃利亞斯的臉上有時也能見到笑容，發脾氣的時候也比較少，即便是打孩子，也不疼。

在生活比較安逸的日子裡，或者是星期天有空閒的機會，他常帶著迪士尼坐馬車去鄰居家玩。在那裡，鄰居的女兒彈著鋼琴，而埃利亞斯拉著小提琴，一拉就是一兩個小時。那時的埃利亞斯彷彿融化在樂曲之中。

小迪士尼坐在一邊的椅子上一動不動地聆聽著美妙的音樂，彷彿陶醉一般。他實在想不到嚴厲的父親居然還能奏出這麼好聽的曲子來。

可是後來，他的脾氣變得越來越壞了，總是很嚴肅，甚至有點專制。因為他曾經屢遭失敗，而要在一個乾旱的農場來維持一家 7 口人的生活比他預料的還難，他擔心再次失敗。

所以，在對待自己的兩個大兒子時他很嚴厲。幸虧總有妻子機智幽默的調解，才好幾次阻止了兒子們的反抗。埃利亞斯租了田地讓兩個年長的兒子耕種。他們在豐收之後賺到了 175 美元，就各自花了 20 美元買了一塊帶金鍊的手錶。

埃利亞斯知道後，責罵他們過度浪費，並問他們怎樣花剩

下的錢。哥哥說：「我們想買一頭母牛和一匹小公馬。」

埃利亞斯則屬聲地說：「不行！我買這個農場時還欠了許多錢，你們應該替我還債。」

由於父子間的意見不和，他和兒子們大吵一架。

在迪士尼 8 歲那年，全美國蘋果大豐收，迪士尼家的蘋果賣不出去，投資也就收不回來。埃利亞斯的家業一下子跌到破產的邊緣，他的眉頭就再也無法展開了。

偏偏就在這一年的秋天，迪士尼的大哥和二哥悄悄地離家出走了。

迪士尼的大哥和二哥，一個 21 歲，一個 20 歲，早已不甘心在鄉村的土地上消磨青春，加上他們再也無法忍受父親的專橫，便在一天中午，他們騎馬去鎮上銀行取出了農作存下的一些錢。

晚飯之後，他們假裝累了，便早早進了各自的房間。過了一會，他們就從窗戶跑了出去，搭上開往芝加哥的火車。大兒子和二兒子的不告而別，使埃利亞斯火冒三丈，他把一肚子的怨氣全都發在三兒子和小兒子的身上。

洛伊和迪士尼被父親叫去。埃利亞斯屬聲問：「你們的兩個哥哥逃走，你們事先知不知道？」

洛伊是個老實人，便據實以告說：「爸爸，我知道。他們讓

我一起走，可是我不敢。」

　　他怒喝道：「既然你知道，為什麼不告訴我？」說著就對洛伊一陣毒打。

　　接著又問小兒子：「你呢？你知不知道他們兩個逃跑？」

　　迪士尼說：「不知道。」這也是實話，因為他太小，兩個哥哥不和他商量。

　　「不說實話！你小小的年紀就學會撒謊！」埃利亞斯不由分說又開始毒打迪士尼。

　　從這以後，因為家裡失去了兩個主要的勞動力，埃利亞斯便不得不依靠剩下的兩個兒子。

　　迪士尼的兩個哥哥離開不久，密蘇里州發生了一次旱災，井水都枯了。埃利亞斯鑽了一口新井，但水量也很少。等到果園裡的蘋果成熟時，市場價格卻大大下跌。

　　於是他就決定把蘋果存到冬天賣個好價錢。他的父親在加拿大時曾經學過將蘋果埋在一層層的稻草下面來儲存，於是到了冬天他的蘋果仍然很新鮮，一家人就沿街去賣蘋果。

　　農場裡的工作是很繁重的，父子三人總是忙不完。對於家庭的生計，埃利亞斯甚至有些焦頭爛額、窮於應付，於是，他的脾氣也就越來越壞了。

　　洛伊和迪士尼都是按埃利亞斯的要求在農場工作。埃利亞

斯用體罰來逼迫他們提高生產率，他毫無顧忌地用鞭子或皮帶的抽打兒子，施行「管教」，這已成為兩個孩子日常生活的一部分。

他常常為了一點小事，不管是真的還是自己想像出來的，就把洛伊和迪士尼趕到柴房裡體罰。

晚上，迪士尼被打後總是睡不著，小聲哭泣。年齡大一些、身體比較強壯的洛伊能忍受那些體罰。他會替迪士尼揉揉痛處，安慰他說第二天早上會好的。

迪士尼把頭埋在洛伊的臂彎裡，問那個打他們的男人真是他們的父親嗎？或者只是一個自私的老頭？

在沒被打的日子裡，迪士尼特別盼望晚上睡覺的時候。因為上床後，母親就會用她那溫柔的聲音講故事給他聽，讓他漸漸地入睡。儘管這樣的情景會使他消除疑慮，可迪士尼仍然搞不懂母親為什麼不阻止父親毆打他們。

他常常是蜷縮在洛伊身邊入睡，半夜又會突然驚醒。

有時在白天，迪士尼會溜進母親的臥室，穿上母親的衣服，抹上母親的化妝品，然後站在穿衣鏡前欣賞自己在鏡子中的形象。他知道，這個母親雖然和真的不一樣，但只要他需要，就能找到。孩子們沒有固定的玩耍時間，在難得沒有什麼工作要做的時候，他們就玩一些競爭的遊戲，他們比賽騎豬，

看誰騎得好;比賽跑步,看誰跑得遠;比賽扔石頭,看誰扔得遠。

當埃利亞斯叫洛伊去幫忙做一些特別需要體力的工作時,身材瘦小的迪士尼就覺得沒有叫他去就是善待他了。

在這種情況下,迪士尼最喜歡做的事就是畫畫。但由於紙和鉛筆都很難拿到,迪士尼就想辦法,通常是用一塊炭在衛生紙上畫。他需要的就是能自由地度過一個小時,替動物畫點速寫,因為他把牠們看作是他唯一真正的朋友。

那個時候,已經發明了電影,雖然還是無聲電影,但也足以令人欣喜若狂,尤其是迪士尼這樣的小孩子。由於交通便利,鎮上也有了電影院。迪士尼對鎮上剛開的一家電影院很感興趣。

一天,恰巧埃利亞斯不在家裡,迪士尼就拜託三哥洛伊。洛伊給弟弟幾枚零錢,讓迪士尼快去快回。迪士尼拿了錢,帶著妹妹露絲興高采烈地去看電影了。

電影院的螢幕是用床單做的,但這並未影響他們看電影的快樂心情。他們很高興地看了兩部電影。

看完已經很晚了,兩人揹著書包匆匆回家。然而就在迪士尼走後不久埃利亞斯就回來了,他發現只有洛伊一個人在工作,早已火冒三丈。等迪士尼回到家,父親正拿著棍子等著他。

上次迪士尼帶著妹妹露絲去看火車而僥倖沒有被打,那是因為父親埃利亞斯的心情好,但是這次卻不同了,埃利亞斯正

有一肚子的氣無處發洩，迪士尼正好撞在了槍口上。

埃利亞斯把迪士尼抓到倉庫一頓毒打，妹妹早已嚇得大哭。

埃利亞斯打夠了，又問：「你哪來的錢？」

迪士尼說是洛伊給的。埃利亞斯又找來了洛伊詢問，洛伊說是自己賣東西時賺的。家境這麼艱難，居然有人有私房錢。埃利亞斯更加生氣，便連洛伊一起打。

1909 年的冬天是埃利亞斯家最不幸的日子。埃利亞斯感冒，不久又轉為肺炎。全家的重擔就落到了洛伊的肩膀上，而對於一個只有 16 歲的男孩來說，負擔太重了。

弗羅拉做的奶油本來是給家裡吃的，但由於生活的拮据，埃利亞斯不讓大家吃，而賣給鄰居，以換取錢來維持生活。弗羅拉有時偷偷地把奶油塗在麵包上，將有奶油的一面朝下給孩子們吃。

最後，在妻子多次勸說下，埃利亞斯終於同意賣掉了仙鶴農場。

4 年的辛苦勞動，最後換得的只是當年購買這座農場的錢。但是，農莊生活卻在小迪士尼心中烙下了難以磨滅的痕跡，畢竟他在這裡度過了自己的童年時光。

40 年後，迪士尼曾按照當時仙鶴農場的樣子建了一座穀倉作為攝影棚。可見，僅僅生活不到 4 年的農莊在迪士尼的腦海中留下的記憶是多麼深刻。

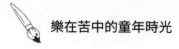 樂在苦中的童年時光

坎坷的少年時代

我一直樂觀地面對生活，但我也知道生活是個複雜的現實問題。

—— 迪士尼

「學業與工作的生活」

　　埃利亞斯年過半百，身體虛弱，農場繁重的勞動終於把他壓垮了。在一場重病之後，他不得不決定賣掉仙鶴農場，而把家搬到堪薩斯。這一年迪士尼 10 歲。

　　迪士尼的童年歲月，在他的記憶中都是在寧靜的田野和鄉間小鎮度過的。來到堪薩斯之後，童年寧靜的氛圍被城市的喧囂打破了。

　　迪士尼眼中看到的是寬闊的馬路，馬路上是擁擠的汽車和電車。聳立在馬路兩邊的是高高的大樓，戲院裡的電燈照得燈火通明。

　　馬路上到處是叫賣聲、馬車的轟隆聲、火車敲著的警鈴聲。這一切都使迪士尼覺得城市似乎日夜都靜不下來。但是在一個從鄉下小鎮來的孩子眼中，這一切還是很令人興奮的。

　　在迪士尼後來的記憶中，這座城市只有公園依稀存在，公園離他家只有兩條街遠，是他常去玩耍的地方。當時的迪士尼覺得這個公園彷彿是一個遊樂場，有發亮的白色大樓，有美妙的音樂，還有許多令他著迷的東西。

　　埃利亞斯這一輩子總是不斷地搬家，不斷地改變職業，他總是希望能在搬家和改行之後遇到好運。到堪薩斯後，埃利

亞斯的身體狀況使他不能再從事體力工作，於是他就改行賣報紙。他以 3 分一份的價錢買下了 700 份報紙送報權。

工作的性質改變了，但強迫兒子工作的想法卻絲毫沒有改變。

弗羅拉把男孩們送到附近的小學上學，但埃利亞斯堅持要孩子們天天去送報紙。

埃利亞斯僱用了幾位報童，專門為他送報。當然，僱用報童是需要給薪水的，為了節省費用，他讓洛伊和迪士尼也加入報童行列，自己的兒子就不用給薪水了。

這時洛伊 18 歲，已經不念書了，送報就成了他的工作。而迪士尼還是學生，他必須利用課餘時間去送報紙，所以他的負擔特別大。

他們每天半夜三點半就要起床領報紙。埃利亞斯要求孩子們仔細卷好每份報紙，把它投到客戶的門口。下雨時則要把報紙放在紗門或者禦寒的外門內。

每天一早，天還沒亮，夢鄉中的洛伊和迪士尼就被一陣猛烈的敲門聲喚醒。

「起來！起來！」父親在門外大聲吆喝著。

疲憊的他們只能從被窩裡爬出來，抹著惺忪的睡眼開始工作。

　　送報是一件很辛苦的工作。美國人有在吃早餐時看當天報紙的習慣，報童必須在人們起床之前就把報紙送到客戶家的信箱裡。

　　對於迪士尼來講，最困難的是他總是睡不飽。當他揹著沉甸甸的報紙走向街道的時候，睡意就毫不客氣地向他襲來。他完全是機械地走著，迷迷糊糊地就把報紙送完了，接著他又帶著睡意去上學。

　　夏日送報還不算困難，最艱苦的日子是在冬季。堪薩斯的冬天異常寒冷，寒風刺骨，地上覆蓋著厚厚的冰雪。迪士尼從小身體單薄，路上總是滑倒。

　　雖然天冷可以驅逐睡意，但對迪士尼不行，他太缺乏睡眠了，即便是在凜冽的北風之中，他也是打瞌睡。

　　每當下雨、下雪時，迪士尼最喜歡送最後一站的報紙，因為那裡是一幢裝有暖氣的公寓。他可以一層一層地在走廊送報紙，在這裡才覺得有了暖意。他還可以在角落裡小睡一下，但每次總是驚醒，醒來時搞不清楚是不是已經送完了報紙。

　　他害怕上學遲到，老師不管什麼原因都要你罰站，或者乾脆不能進教室。

　　這麼辛苦的工作對於一個孩子來說，非常不簡單。迪士尼之所以缺乏睡眠，還有另外一個因，那就是他除了送報和上學

之外，還在設法賺錢。

迪士尼一如既往地熱衷於繪畫，但他不能用木炭在衛生紙上畫，那樣會被同學們笑，而且畫技也難以進步，他需要繪畫用品，這些都需要錢。

但是，每天送報紙，並不能得到報酬。為了賺錢，迪士尼只好在課餘時間打工。在學校附近有一家糖果店，他每天午休到那裡去工作；還有一家藥局，他每天放學去送藥。就這樣，他有了一筆微薄的收入，而這一切都不能讓埃利亞斯知道。

有一天，在一個大雪紛飛的清晨，他不小心跌進路上一個被雪填滿的大坑，而且暈了過去。

過了很久，迪士尼才被早起的路人發現並送回家。母親弗羅拉抱著剛剛甦醒的兒子痛哭流涕，但父親埃利亞斯依舊讓迪士尼第二天去送報紙。

這一回，向來柔軟善良的弗羅拉勇敢地站出來保護她的兒子，她喊道：「華特怎麼能跟你們比？他還是孩子。別的孩子都只送報紙，可他送完報紙還去唸書。你還要他怎麼樣？你想要他的命嗎？」

埃利亞斯不再說什麼，身為父親，他也心軟了。這次生病，迪士尼足足休息了 4 個星期，是他報童生活中唯一一次。由於弗羅拉的精心照顧，4 個星期以後他被養得又白又胖。

但是不久後，迪士尼依舊每天起來送報紙。直至晚年，迪士尼還常夢到送報時的情形，夢到還有幾家報紙沒送到，在夢中還覺得驚慌恐懼。

廣泛的愛好和興趣

　　小迪士尼在繁重的工作之外，也有自己的興趣，迪士尼喜歡上了馬戲團。

　　馬戲團來時，他就會跟著馬戲團走遍大街小巷，常常忘記跟在後面的露絲。

　　馬戲團走後，小迪士尼又會把小露絲和鄰居家的孩子召集起來，模仿馬戲團。

　　迪士尼喜歡開玩笑。

　　有一天，他家的門鈴響了，弗羅拉匆匆去開門，見到的是一位衣著得體的婦人。兩人在門口說話，這時弗羅拉才發現婦人穿的是她的衣服。母親看了幾分鐘後，大笑起來，這婦人不是別人，正是迪士尼。

　　迪士尼穿上母親的衣服，戴上假髮，並用了母親的化妝品，改造之後，讓弗羅拉認不出來。

由於父親暴躁的脾氣，迪士尼一家常常處於陰沉的狀態，只有母親時不時地給屋中增添點快樂氣氛。

然而，洛伊再也無法繼續忍受父親的虐待，準備和他的兩個哥哥一樣逃走。他沒有對迪士尼隱瞞自己要逃走的計畫，只是要迪士尼保密。

由於得到哥哥的信任，迪士尼很感動，答應他決不洩露祕密。

他對洛伊說：「你一走，我連訴苦的地方都沒有了……」

洛伊對弟弟說：「你現在雖然還不能像我一樣在外面闖蕩，但也長大了。記著，你從現在起就把自己當作男子漢，學會自己處理自己的事情，懂嗎？」

「把自己當作男子漢？」迪士尼苦惱地說，「我們家只有一個男子漢，那就是父親。」

「你錯了。」洛伊說，「父親不能算男子漢！他在外面一事無成，回到家拿老婆孩子出氣，這只能算是懦夫。華特，你不能再讓這個懦夫隨隨便便地打你了。」

「可是他要打，我有什麼辦法？」迪士尼無奈地說。

「你必須反抗！」洛伊說，「你要讓他知道，你已經長大了，不能再打你。」

這天晚上，洛伊和弟弟一直談到深夜。時間到了，洛伊穿上衣服，拿起一個簡單的行李，和迪士尼緊緊地擁抱之後，就

匆匆鑽進夜色之中，頭也不回地走了。

哥哥洛伊走後，迪士尼既興奮，又難過，直至半夜才迷迷糊糊地睡著。

沒過多久，埃利亞斯就來敲門。

迪士尼按照洛伊的安排，故意叫起來：「哎呀，不好了！洛伊不見了！」

埃利亞斯衝進來，望著三兒子空蕩蕩的床生氣。他的大兒子和二兒子就是這樣不告而別的，現在三兒子也如法炮製，這讓他很丟臉。重要的是：洛伊一走，他還得再僱一名報童。

迪士尼原以為父親一定會因為這件事而大發脾氣，然而，讓他意外的是，什麼也沒有發生，埃利亞斯只是深深地嘆了一口氣，說道：「華特，沒你的事，送報紙去吧……」

說來也奇怪，迪士尼以前對父親總是有一種恐懼感，深怕一不小心惹來父親的巴掌。自從哥哥洛伊離開之後，他忽然覺得自己長大了，再也不能容忍埃利亞斯的跋扈，雖然他對自己的力量還缺乏信心。

在洛伊離開之後，生活是相對平靜的。雖然埃利亞斯的脾氣仍然很糟，但僅限於面露兇狠、拍桌子，他已經很久不打迪士尼了。

由於 3 個兒子的離開，這使埃利亞斯對最後一個兒子客氣

了許多。

迪士尼照常送報、上學、打工，跟洛伊離開前一樣。

有一天，埃利亞斯決定擴建房子，增建一間臥室、浴室，以及一間廚房。

現在的迪士尼家只有兩個男人，迪士尼只能與父親一起工作了。

此時的迪士尼還只是一個大孩子，對蓋房子的事一竅不通，一切都得從頭學起。事實上他幫不了什麼忙，許多事情都要埃利亞斯自己做。

這使埃利亞斯十分惱火，工作中不斷地發脾氣。

這一天，埃利亞斯讓迪士尼鋸一塊木板，但他發現，自己的小兒子居然不會用鋸子，埃利亞斯便大喊：「不對！木板不是這樣鋸的！要像我這樣……」

他示範後，迪士尼還是學不會，埃利亞斯就不耐煩了，抬起手在小兒子的後背上打了一下。

父親又打人了！迪士尼猛地轉過身來，生氣地說道：「你……你怎麼打我？」

「我是父親！」埃利亞斯蠻橫地說。

「難道父親就可以隨意打人嗎？」迪士尼不甘示弱，據理力爭，「我們這是在工作，應該有愉快的心情，可是你打我，還怎

麼工作？」

「啊！你這孩子……」小兒子的公然頂撞使埃利亞斯很意外，這種事從來沒有發生過。他認為這是反抗，是對父親尊嚴的挑戰，於是他又一次抬起手。

「不行！你不能打我！」迪士尼叫著，捉住了父親的手腕，他對自己的勇氣也深感意外。

父子兩人對峙著。

埃利亞斯眼中在冒火，他想掙脫手腕，可是沒有成功。

迪士尼此時緊張到了極點。這是他第一次對父親的家庭暴力進行反抗，一種與生俱來的恐懼在他的心底蠕動，他覺得自己快要不能堅持了，想鬆開父親的手，落荒而逃。

然而，他還是盡力堅持著。

父子兩人四目相對，互相瞪著對方。時間一秒一秒地過去，迪士尼卻感覺像過了一年。

終於，埃利亞斯讓步了，他抽回手腕，邁著蒼老的步伐走出了迪士尼的房間。

望著父親的背影，迪士尼忍不住落下淚水，有勝利的喜悅，也有對父親的憐憫。

埃利亞斯躲到自己的房間裡不肯露面。

後來，迪士尼走到父親的房間，若無其事地對他說：「爸爸，我們繼續工作吧！」

從此以後，埃利亞斯再也沒有打過他的小兒子。

3 個兒子的離開，事業上的屢次失敗，使埃利亞斯很沮喪，他有時寧願走幾公里而捨不得花 5 分錢坐車。

但是，與之相對的卻是他常常毫無前途的投資。例如，他常相信礦業方面的股票和新發明會給他帶來財運，可是結果經常令人失望。不知什麼時候埃利亞斯又想到了仙鶴農場的奶油，覺得這是一個賺錢的方法，於是就與牧場訂合約供應奶油，讓弗羅拉去賣。

小迪士尼自願幫母親，可母親堅決不肯。他們經常到有錢人家的住宅區賣奶油，而迪士尼的許多同學都住在那裡，這使他感到很羞愧。這些事情一直深深刻在迪士尼的心裡，使他一生都無法忘懷。

迪士尼把從小養成的繪畫愛好，從仙鶴農場一直帶到了學校。隨著年齡增長，他學會一種誇張的繪畫風格。儘管每天送報、打工十分勞累，但有空閒時間，他就會拿出紙來畫。

他畫老師、畫同學，也畫埃利亞斯和弗羅拉，每次只需要幾筆，便把一個人的容貌與神態惟妙惟肖地捕捉到畫紙上。

在求學的日子裡，迪士尼堅持繪畫並逐漸展示出藝術才

能。迪士尼最喜歡的是畫畫，但是這一方面也無法令老師滿意。

有一次，老師要大家畫一盆花。但是，迪士尼的作品令老師很生氣。

原來，迪士尼把花朵畫成一張孩子的臉，臉上有明亮的雙眼和掛滿笑容的嘴；還把葉子畫成了雙手，兩臂向上伸展，好像是要擁抱太陽一般。

同學們看到迪士尼的畫，有人開始叫道：「快瞧，快瞧，這就是迪士尼畫的畫。」教室裡一下子亂作一團。

這些素描讓老師感到困惑，因為他要學生照著物品畫真花的，他簡直搞不懂迪士尼這個學生到底在想什麼。

於是，迪士尼被繪畫老師打了。

還有一次寫作業時，迪士尼照著父親放在家裡的一本社會主義雜誌臨摹了幾幅政治畫。老師把他的作業直接交給了校長，校長寫了一封信，指責埃利亞斯把這種雜誌放在家裡。

迪士尼看任何事物都有著獨特的見解。漸漸地，他開始喜歡漫畫，最先是模仿雜誌上的漫畫。隨著他不斷鍛鍊，他的技術慢慢純熟起來。

有一次，迪士尼去理髮，在等待的時候，他畫了一張畫，上面畫著客人的各種姿態。老闆看了，很喜歡，感到很有趣，並且馬上把畫掛在店裡。

不僅如此，老闆還和迪士尼約定，以後迪士尼每週來畫一張，可以享受免費理髮。

除繪畫以外，少年迪士尼還迷上了演戲。

1912 年 11 歲時，迪士尼結交了他的第一位新朋友。

他們兩個人都對演戲感興趣。每天下課後兩人就扮成戲劇人物表演，兩個人很快就變得形影不離。

迪士尼逐漸成為他家的一位常客。朋友的父親是德裔，對任何事情都很樂觀。他是一位曠達而且情趣高雅的人，他總是不停地笑。

迪士尼經常到他家做客，經常聽他講笑話、彈鋼琴。當然，迪士尼有時還會提一些深奧的問題要他解答。

他也鼓勵兩個孩子交朋友。因為他女兒會彈鋼琴，所以他常與一家人圍著唱歌。他喜歡在週末帶他們去看電影，迪士尼就是這樣開始感受到電影和卓別林（Sir Charles Chaplin）的藝術魅力。

他很喜歡看戲，尤其是用荷蘭方言寫成的喜劇。朋友家的溫暖和歡樂與自己家中的嚴肅和節儉形成了強烈的對比。因而迪士尼喜歡待在朋友家，他在朋友家的時間比待在自己家中的時間還多。

迪士尼漸漸接觸到了扣人心弦的雜耍和電影的世界，他很

害怕讓父親知道自己去了電影院，於是處處小心。

迪士尼逐漸喜歡上了電影裡的小流浪者，不久改為扮演「卓別林」了。

每次看完馬戲團回來，迪士尼他們就會模仿雜要表演和歌曲，並模仿無聲電影裡的鏡頭。他精心指導兩個孩子如何表演。

同時，迪士尼在學校裡也開始表演。迪士尼把滑稽的衣服給同學穿，並表演許多有趣的動作，他很受大家歡迎。

在這個劇中，迪士尼演滑稽的攝影師，他讓同學們站在照相機前擺好姿勢，可是拍照的時候，他的照相機裡卻突然噴出水來，弄得同學們滿臉都是。

等他從照相機拿出照片一看，同學們卻發現只是迪士尼自己畫的一張畫。於是，觀眾們大笑起來，都誇迪士尼演得很棒。

追求遠大夢想

迪士尼早就想買一雙長筒的靴子，如果有了它，下雪、下雨天都無憂無慮了。可是他知道父親非常節儉，所以很少提出要求。

終於在 1916 年的聖誕節，在母親的勸說下，父親埃利亞斯買了一雙靴子送給迪士尼。這件禮物對迪士尼來說，真是雪中送炭。

第二年春天的一個下午，迪士尼剛送完報紙。在過馬路的時候，偶然看到一大塊冰，他不經意地踢了一腳，但卻沒注意到冰塊裡有一根很大的釘子，結果釘子穿透了靴子，扎進了迪士尼的腳趾，他痛得大叫起來。

由於天氣寒冷，他的腳就與冰黏在一起，當時電車的聲音很大，沒有人能聽得見他的叫聲。20分鐘之後，一位好心的司機砍開了冰，送他去了一家診所。

這是一家很小的診所，沒有麻醉藥，於是醫生對迪士尼說：「小弟弟，麻醉藥已經用完了，你要堅強一點，忍一下！」醫生叫兩個人按住迪士尼的腿，把釘子拔了出來。

醫生幫他脫靴子治療、打破傷風針時，迪士尼都忍住了，他渾身都溼透了。

由於腳受傷，迪士尼在床上休息了兩個星期。

在休養時，迪士尼想到了自己的前途。因為他不喜歡學習，所以排除了當醫生或律師的想法。就算考上大學，家裡也不會花錢養他，另外他對演藝業也有著濃厚的興趣。

在他看來，沒有任何事情比在觀眾前表演更令人愉快了。可是他又缺乏必要的信心，於是他想到了繪畫。他以前在理髮店和學校畫的畫都讓大家喜歡，從那時起他就很喜歡漫畫。

這個時候，迪士尼突然想了起來朋友父親曾經對他說的一

番話:「只要你自己肯成為一名畫家,那你就能成為一名畫家。」

迪士尼突然想到,自己從小學畫,究竟要做什麼呢?難道不是為了有一天成為一名畫家嗎?

迪士尼興奮起來,以前一直模糊的想法突然變得具體起來。他激動地大叫著:「對!我要做一名畫家,一名真正的畫家。」

母親弗羅拉急急忙忙從外面跑進來,驚慌地問:「華特,你喊什麼?哪裡不舒服嗎?」

迪士尼說自己剛才只是做了一個夢而已,因為他不想讓別人知道自己心中的祕密。

迪士尼躺在床上的日子裡,享受到躺在床上的舒適。為了打發無聊的時光,他不停地看媽媽從圖書館借來的書、畫及報紙。

迪士尼開始注意每天報紙上發表的各種漫畫。等到他的腳傷痊癒可以上學時,他已打消了當演員的念頭。這時的他一心只想畫出在報紙上看到的漫畫。

埃利亞斯在堪薩斯住了 7 年之後,對生活越來越不滿意。

報紙的生意並未像他預期的那樣,也很難找到合適的送報童。於是,埃利亞斯又決定改行。

這時埃利亞斯的身體更糟了,於是他又想搬家。這一回是搬往芝加哥。迪士尼 5 歲時就是從那裡搬出來的,迪士尼家繞

了一圈，又回到原來的地方。

埃利亞斯拿出自己的全部積蓄，還加上迪士尼的 20 美元，湊足了 16,000 美元，投資芝加哥的工廠。除了賺取利息外，他還擔任了工廠建築部門的主管。

1917 年 6 月，迪士尼從學校畢業。

畢業後，他留在堪薩斯，幫助新的報紙老闆，因為他熟悉送報的路線。

這時，他的長兄已結婚，並有了一個女兒，也搬回家了，而迪士尼和洛伊也留在家裡。

迪士尼向聖路易斯州際新聞公司申請了一份暑期的工作。為了讓公司僱用他，他將年齡從 15 歲改成了 16 歲，並且在洛伊的幫助下繳了 15 美元的保證金。

迪士尼開始工作了，穿上了藍色的制服，釦子金光閃閃，十分耀眼，衣領上的牌子和釦子上都有新聞公司的名字，因此他感到十分自豪。

迪士尼到公司領了大籃子，裡面裝著水果、爆米花、花生、糖果和汽水，開始了在火車上賣零食的工作。

火車是由堪薩斯開往傑佛遜的。車上很悶熱，所以汽水賣得很好，但是帶著汽水瓶來回走很重，於是他把瓶子放在最後一節車廂裡。

兩個小時後，迪士尼去末節車廂拿瓶子，結果卻發現車廂已經不見了。後來列車長告訴他因為車上人太少，便將後面車廂取消了。這樣一來，丟了空瓶子，他第一次賺的錢就全部泡湯了。

　　有時候迪士尼把籃子放在攤位上就離開了，再回來時就會發現不是少了糖果，就是少了香菸。更使他感到為難的是，新聞公司常給他太熟的蘋果，還沒賣出去就爛了。

　　迪士尼對坐火車出門是很開心的，他坐過六七家公司的火車，去過六七個州。其中有一條他最喜歡的路線，火車慢慢地行駛需要 6 個小時，有時候還要把擋道的貨車車廂推到其他鐵道上去才能繼續通過。

　　在火車上，迪士尼常穿過車廂到前面的行李車廂去，送雪茄和菸草給看守行李的人，還到前面的司機室去與加煤工和司機待在一起。

　　如果火車在某一站停靠很久，迪士尼就會下車去走走看看。

　　有一次，火車靠站，趁著火車調頭和加煤的時候，迪士尼下車到商店區逛逛。這引起了警察的注意，並把他當作了竊賊，叫他過去。

　　迪士尼說根本沒有這種事。這件事最後在火車司機的解釋下才解決。坐了一天的火車之後，迪士尼就在鐵路旅館或其他

地方住一夜，第二天便回堪薩斯。

經過一個暑假的磨練，迪士尼日益成熟，但是付出辛苦勞動卻沒賺到錢，在火車上汽水瓶不斷不見，籃中的東西時常不翼而飛，列車長又不允許他賣爛蘋果，結果損失慘重。

哥哥洛伊聽說迪士尼工作的經歷後，也勸弟弟不要再做了。

迪士尼考慮後還是聽從了哥哥的意見，於是他決定回到芝加哥的父母身邊。

1917 年秋天，迪士尼在當地的中學上學。

迪士尼身為一名新學生，充分展現了他的藝術天分，他把自己的一些素描和漫畫交給了校刊人員，結果被邀請去幫忙編輯漫畫。很快他就成為美術編輯，這使他受到很大的鼓舞。

在迪士尼活潑而幽默的漫畫中，反映出他急於參軍。他的哥哥洛伊此時已經加入了海軍。當他穿著水兵服站在迪士尼面前時，迪士尼真是羨慕得不得了。迪士尼與洛伊長得一樣高，只是由於年紀還不到參軍的資格。

迪士尼常常在自己的屋裡畫畫，在沒成功以前，他是不會將畫拿給別人看的。同時他還收集笑話好用於漫畫。經過整理他試著把其中最有趣的分享給父親。起初父親聽後一點笑容也沒有，但過了兩天他卻一臉嚴肅地對迪士尼說，我想了想覺得你講的笑話很有趣。

芝加哥有一所私立的美術學院，業餘美術愛好者可以到該院的夜校進修。迪士尼覺得自己還不夠屬害，所以特別迫切地希望到美術學院去學習。但是，進美術學院是要花錢的。

迪士尼經過幾番猶豫之後，決心和父親好好談一談。父親無法理解兒子為什麼如此喜歡畫畫，他為兒子擔心，靠畫畫能夠生存嗎？任何父親都有心疼兒子的一面。

當迪士尼參加藝術學校需要學費時，父親還是為他付了學費，但是有一個條件：迪士尼必須把賺來的錢交給家裡。

迪士尼一邊在雜誌社工作，一邊去芝加哥藝術學院學習解剖學、寫作技巧以及漫畫，迪士尼的老師在當時很有威望。

後來，這位教師對迪士尼影響也很大，他的漫畫作品具有豐富的內涵和幽默感，在他的教導下，迪士尼的繪畫能力又上了一個臺階。

為了生存，也為了還父親的錢，迪士尼不得不開始工作。

迪士尼先到父親投資的果凍工廠做了幾個月，每週7美元。主要工作就是洗瓶子、蓋蓋子、把蘋果弄碎做果膠、裝箱釘釘子等。一陣子後，迪士尼便辭職去做別的事。他來到高架鐵路線上當警察，每小時可以掙到4分。

這個追求新鮮感的少年，除了畫漫畫，對什麼都沒興趣。所以，這份警察工作，他也只做了幾個月就辭掉了。

　　1918 年的春天，迪士尼讀完了高一，便與一位朋友去郵局工作。他的朋友謊報了年齡，便得到了一份工作。而迪士尼只說自己 16 歲，因而沒有成功。回家之後，迪士尼拿鉛筆在臉上畫了幾條皺紋，又穿上父親的西裝，戴上了帽子，重新去郵局應徵。這次他虛報年齡已 18 歲，結果就找到了工作。

　　迪士尼的任務是分發信件，一天工作 12 至 14 個小時。迪士尼在這項工作中找到了快樂。每天他免費搭乘電車和高架鐵路火車到處奔波，去送那些信件。

　　這個工作對於一個少年來說，確實很新鮮。每天他都能發現新事物。在繁忙的工作和新鮮的刺激面前，迪士尼過得很充實。

　　但他沒丟掉自己的愛好，還是天天畫漫畫，沒完沒了地畫。在繪畫的同時，他又喜歡上了攝影。他用自己辛辛苦苦賺來的錢買了一臺照相機。

　　有一天，主管問迪士尼會不會開車，迪士尼以前曾在堪薩斯開過汽車，便回答說會開。於是他就被派去開一輛卡車，在市區內送信。迪士尼以前只會一點開車技術，此時便在芝加哥的馬路上橫衝直撞起來。

　　但是，因為他聰明肯學，等他送完信回來的時候，他就很熟悉這輛車了。

每個星期天，他都要先坐電車去碼頭拿信，週末度假的人們喜歡給家人寄明信片，拿完信再搭電車回郵局。在郵局工作期間，他搭了火車和電車，開過卡車，還趕過馬車。

有一次，他去馬棚牽出馬，套上韁繩，掛上郵車然後到市中心各個旅館前面的郵筒拿信。主管對他說：「只要你跟著這匹馬，你就不會迷路，牠會帶你去每一個郵筒，甚至你可以不拉韁繩。」

對迪士尼來說，想拉韁繩還挺困難！汽車從馬車旁邊快速地駛過時，那匹馬知道怎麼讓開。在過橋的時候，橋正好升起來讓下面的船通過，而馬碰到了鐵鏈便自動停了下來，等橋完全放下來後，牠就繼續前進。

有了那匹馬，迪士尼根本不需要路線圖，牠會自覺地在每一個郵筒前停下來，等迪士尼下車拿信並放回車廂關門之後，馬就開始前進。

一開始迪士尼還需要跑著追上馬車，踩著車軸坐上去，後來知道馬前進的規律時，就不用去追，而是上車前輕輕地關上車門，爬上去後再說：「走吧！」

經過實驗，他學會了關門聲就是馬前進的訊號。

這使迪士尼很輕鬆，也有了大量的精力去構思他的漫畫。在繁忙的工作期間，他仍不忘娛樂。在脫離父親和學校的管束之後，迪士尼活躍快樂的天性得到更充分的發揮。

這種辦法真是太妙了，但是在一家旅館卻出了問題。迪士尼下車後去旅館大廳裡拿信，出來時卻發現馬和馬車都不見了。

馬車上裝了一車的信，如果丟了，那迪士尼的責任可就大了。他驚慌失措地跑到街頭街尾，卻沒有看見馬的蹤影。

正當他垂頭喪氣地回到旅館門口，猛一抬頭竟發現馬車在另一條街上。原來這匹馬早已習慣在人下車後就繞到另一條街去，等人拿信之後就直接穿過旅館去找牠。這樣倒是節省了一些時間，但卻把迪士尼嚇出一身冷汗。

1918 年的夏天，可以說是迪士尼一生以來覺得最愜意的一段日子了。他在郵局工作的時間很長，但又不累，而且可以在外面到處跑。到了晚上，他就邀請女孩去看電影或雜耍表演。

另一個使迪士尼感到高興的原因，是他可以有錢買自己喜愛的東西了。那時，他曾考慮是用這些錢來買臺攝影機還是買獨木船。

迪士尼的女友要他買獨木船，但是他思考後還是買了攝影機。在一條巷子裡，他架起了攝影機，並拍下了他模仿幽默大師卓別林的鏡頭。

同時又為了討好女朋友，迪士尼又打算與另一個男同學一起買一艘便宜的獨木船。這樣一來，他就可以帶著他的女友一起去郊遊了。

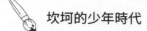 坎坷的少年時代

　　但因為那艘獨木船非常小而且不容易操縱，以致他與女友在一個有風的星期天划船時，都摔進了水中。這讓迪士尼尷尬不已。

短暫而精彩的軍旅生活

　　我們保持前進，開拓新的領域並做新的事情，因為我們有好奇心。

　　　　　　　　　　　　　　　　　　　　　—— 迪士尼

虛報年齡提前踏入軍旅

1917 年美國參加了第一次世界大戰。

1918 年夏末，盟軍在戰役中阻止了德軍的進攻，開始全面反攻。

此時，在海軍服役的洛伊已被調到南卡羅萊納州的查爾斯頓，並派他執行紐約與法國之間的航行任務。哥哥雷蒙德則加入了陸軍。

迪士尼再也忍不住了，急著要去當兵。他對他的父母說道：「我不想讓我的子孫質問我：『你為什麼沒有去參加戰鬥？你是不是怕打仗？你是個孬種吧？』」

迪士尼再也不想在學校待下去了，他很想去體驗一下戰爭的刺激。羅素是他的好朋友，也在郵局工作過，他們有著共同的想法，那就是去北方的加拿大從軍，因為那裡可以接收較年輕的新兵。

但是，他們的母親都沒有同意。

有一天，羅素興奮地來到郵局對迪士尼說：「現在要成立一個美國救護車部隊，你和我都可以參加。這個志願單位，屬於美國紅十字會。他們需要一批駕駛，而且對年齡也沒有限制。為什麼我們不去試試呢？」

中午，他們就來到了紅十字會，這裡只招 17 歲以上的駕駛，於是他們就虛報年齡，並自稱是兄弟。那時他們還只有 16 歲。

他們報了名，但是在申請護照時卻遇到困難，因為必須要父母簽名。迪士尼只好把這件事告訴了父母。埃利亞斯聽後說：「我絕不會簽名。這等於是幫自己的兒子開死亡證明書。」

弗羅拉不想讓迪士尼也像 3 個大兒子一樣偷偷離開家，於是說：「這孩子已經下定了決心，我認為替他簽名，還可以知道他在什麼地方，總比不知道他的下落要好。」

這樣，弗羅拉就在護照申請上簽了埃利亞斯的名字。迪士尼也把出生年份改成了 1900 年。他與羅素回到紅十字會以本名申請，並獲得了護照。

之後，他們穿上制服，來到芝加哥大學附近報到。接著，紅十字會就請來了黃色計程車公司的技師，教他們修理汽車，並訓練他們在不平坦的地形上開車。

不久，流行性感冒侵襲了芝加哥，迪士尼病得非常嚴重。救護車的駕駛只好勸迪士尼回家養病。在家裡，迪士尼發燒時，神志不清地說話，弗羅拉就日夜照顧他，並給他吃大量的退燒藥。他的房間裡沒有暖氣，就睡在父母的臥室裡。

妹妹露絲也病了，她睡在廚房的爐子旁邊，這樣更暖和。弗羅拉後來也病了，但她還是細心地照顧兩個孩子。

那次流行性感冒造成許多人的死亡，但是迪士尼和露絲都很幸運，他們的高燒退了，逃脫了死神的魔掌。迪士尼病好後逐漸恢復了體力，回到救護車隊後，才發現他的單位以及羅素都已搭船去了國外。於是，他又被派到一個新單位，等船去法國。

1918 年的 11 月 8 日，歐戰結束了，盟軍獲得了勝利，全國上下一片歡喜。但是，在等船的紅十字會隊員們卻感到十分矛盾，他們參加的理由已經不存在了，往後他們只是和平時期的駕駛。

他們自稱為失業部隊，軍官仍把他們當作剛入伍的新兵看待，這引起他們極大的不滿。所有的隊員們都很想家，迪士尼也開始懷念他母親做的飯菜，並一直很想念他的女友。臨走前，女友曾答應過等他回家時就嫁給他。

一天清晨，大家還沒醒，突然營房裡燈光大亮，接著便聽到有人大聲地叫：「都起來！都起來！有 50 個人要立即到法國去！」

迪士尼被同伴推醒，並告訴他剛才的消息，迪士尼半睜著眼睛，懶懶地說：「不會選上我的。」說完就又躺下了。

然而讀到的第五十個名字恰好就是華特．迪士尼。他的同伴再次推醒他。

一個小時之後，他就已經踏上火車了，當天晚上，也就是 11 月 18 日的晚上，就登上了一艘老舊而且已生鏽的運牛船，起錨向法國開去。

這是迪士尼第一次坐船橫越大西洋。他的興奮是可以想像的，他們早已經把對紅十字會救護隊的失望拋在了腦後。這艘船滿載著彈藥，雖然他們不再害怕德國的潛水艇，但是這艘船所經過的水域都是曾布過雷的。迪士尼膽子很大，他睡在彈藥倉上面的甲板。

這艘船快到法國的時候，有好幾艘掃雷艦開到了船的兩旁，保證他們透過最危險的英吉利海峽。隊員們都跑到了甲板上看掃雷艦。

善良誠懇的個性

1918 年 12 月 4 日，船抵達勒哈佛爾。

迪士尼跟著大家一起下船，這些從美國中西部來的年輕人，對於碼頭旁的一切都感到新奇。

他們搭火車到巴黎。透過玻璃窗，迪士尼第一次看到了法國鄉間的景色，看到高高的灌木和白楊樹叢將一個一個的小村莊分隔開來。

迪士尼在巴黎市區只是匆匆地看了一眼就趕到聖西爾報到。儘管迪士尼有美妙的夢想，但他實際上沒多少事做。迪士尼當司機，開車送軍官們到處跑，還穿過了被德國占領的萊茵河流域，為戰地醫院送食品，有時也駕駛救護車。

　　唯一快樂的事還是剛來的 12 月 5 日，那天是他的生日。下午三四點鐘，迪士尼去找一位朋友，朋友說：「走吧！去酒吧，我請你喝酒。」

　　他們去了附近一家酒吧，裡面空空蕩蕩，他關上門。這時他的朋友們紛紛從桌子下面、櫃檯後面鑽了出來並大笑大叫：「迪士尼，生日快樂！」

　　然後大家跑到櫃檯前點了各式各樣的酒，並與迪士尼一起痛飲起來。酒足飯飽，迪士尼便一個人去付帳，他掏出所有的錢，卻仍差 30 法郎。他不得已賣了一雙有紅十字會標誌的鞋，才湊夠了錢。

　　不久，迪士尼從聖西爾調到了巴黎的急救醫院。剛去醫院時，他開 5 噸大卡車和由救護車改裝的小車。後來，他被派去為軍官開車，很快他就把巴黎的大街小巷記熟了。

　　有一次，迪士尼執行任務。他的任務是運送大豆和白糖，那裡的人們正在挨餓。按照規定，隨車同行的還有一位助手。迪士尼選中了一個臉上長滿雀斑、看起來傻傻的年輕人。迪士

尼心想，自己總是上當，還是找一個老實的人。

卡車在崎嶇的鄉間路上顛簸。

一路上，那位助手都在打瞌睡，所以兩人幾乎沒有什麼交流。迪士尼自己想事，正當他胡思亂想時，汽車引擎忽然發出一陣刺耳的噪音。

迪士尼下車檢查，也沒看出什麼，只好繼續往前開。可是噪音越來越大，連車身也震動起來。迪士尼正無計可施，只覺得車子猛地震動一下之後，引擎不動了。

沒有辦法，迪士尼只好拿著工具設法修理。當時正是二月，天氣很冷。他在車子底下鑽進鑽出，手指凍僵了，弄得滿臉都是油垢，而那位助手什麼忙也幫不上，只是不停抱怨天氣。

迪士尼氣急了，對他喊道：「你下來！」

助手不情願地下了車，說道：「叫我下車有什麼用？我一點也不懂汽車。」

迪士尼說道：「不是要你修車，我是叫你回巴黎，說汽車拋錨了，趕緊派人來。」

助手說：「這種事，你為什麼不去？」

迪士尼說：「我是司機，按照紅十字會的規定，司機在任何情況下都不准離開汽車。你是助手，助手必須服從司機的命令。你懂了嗎？」

助手嘟嚷著，背上他的行軍包，懶洋洋地踏上歸程。他會到附近的一個小站，搭上通往巴黎的火車。

　　迪士尼在駕駛座上坐了幾個小時，手腳都凍麻了。他想巴黎那邊應該已經得到消息，到天黑時就能見到救援的人了。可是等到天黑了，還是沒見到人影。他冷得不行，下了車活動，可還是抵禦不住寒冷。

　　到了半夜，他實在忍不住了，心想：「我必須想辦法，不然我會冷死在這裡的。」

　　在不遠處，有一間鐵路的值班房。迪士尼敲開房門，請求值班大叔允許他進屋。好心的大叔答應了。小小的值班房裡有一個小火爐，寒冷的問題解決了，可是兩個人擠在一起卻無法睡覺。

　　迪士尼拿出軍用食品——麵包、乳酪、巧克力和牛肉罐頭，請對方吃，兩人就這樣擠了一夜。

　　第二天，還是沒看到人，迪士尼又在那裡過了一晚。可是軍用食品早已吃光，他只好吃些馬鈴薯。

　　到了第三天，救援人員還是沒來，迪士尼又困又餓，便跑到附近的小鎮上，找了一家小旅館，隨便吃了些飯，然後倒頭就睡。

　　等他醒來，已是第四天的傍晚。他想起那輛卡車，急忙跑

回去看，哪裡還有汽車的影子！迪士尼目瞪口呆，彷彿連呼吸都停止了。

汽車司機弄丟了汽車，這不僅僅是天大的笑話，而且為軍法所不容。迪士尼知道白己闖大禍了。他只好搭火車返回巴黎。

回到軍營一看，那輛汽車正停著，車上的物資也完好無損。迪士尼喜出望外。原來，他的那位助手在返程的路上喝醉了，兩天之後才報告汽車拋錨的事。當救援人員趕到現場時，迪士尼剛好不在，救援人員便把車子拖了回來。迪士尼正要去找助手算帳，值班軍官先找他算帳來了。

「華特，你知道你都做了些什麼嗎？」值班軍官吼道，「怠忽職守，遺棄車輛，這是觸犯軍法的！我們要起訴你，軍事法庭將會作出公正判決的！」

迪士尼非常懊惱，他回到宿舍，倒在床上，連飯也沒吃。他不懂，自己怎麼會受懲罰？這件事整個軍營都知道了，大家都來看望他，安慰他。

有一位士官 —— 以前迪士尼曾幫他畫過幾幅畫 —— 此刻格外憤怒，連聲叫道：「處分華特是不公平的！我要到法庭上為他辯護！」

法庭開庭那天，這位士官以辯護人身份出席。他經過充分準備，說得理直氣壯，連法官都為之動容。

「這位年輕人是無辜的。」他站在迪士尼身邊,據理力爭,「他守著他的汽車整整兩天兩夜,又困又累,他已經盡了他的最大努力。我們沒有理由責怪一個得不到任何援助的人。也許華特不是英雄,但他也絕不是懦夫!」

最終法庭判決,迪士尼無罪,而那位不負責任的助手卻被判處監禁。

戰爭已經結束,再也沒有硝煙與炮火,軍旅生活變得瑣碎而單調,迪士尼很快就感到無聊。軍官們住的地方是美軍的汽車停車場,這是一個戒備森嚴的地方,各部門的車都集中在這裡,因為便於管理。

這裡除了有軍官們的公寓外,還關押著戰爭中抓到的一批德國士兵。因為戰爭已經結束了,所以對俘虜的管束不是很嚴,但他們也不能隨便離開。

其中,第二騎兵連有一個德國兵,特別喜歡和迪士尼說話。這是因為迪士尼不像某些軍人總有一種征服者的優越感,年僅 17 歲的迪士尼顯得平易近人多了。

由於戰俘想出去買東西是不可能的,所以他總是請求迪士尼幫助,司機出門的機會很多,迪士尼幫了他幾次,但很快就被上級警告,因為這是不允許的,於是迪士尼就不再多管閒事了。

　　他總是在軍官們洗澡時來找迪士尼，請他幫軍官們買東西，一般都是香菸、罐頭、口香糖之類。既然是軍官需要，迪士尼總是二話不說就把東西買回來，交到他手中。

　　但是，迪士尼發現，其實他是在騙人。

　　有一回，他跑來說女軍官要買酒和罐頭，讓迪士尼快去。迪士尼當時就覺得很奇怪，因為那位女軍官好像不喝酒，而且買的數量那麼多，這令人懷疑，但迪士尼還是照辦。

　　東西買來後，迪士尼表示要親自把東西交到軍官手中，而他又堅決不肯。大約半個小時後，迪士尼看見軍官在散步。一切跡象表明，他是在撒謊。

　　後來，迪士尼在浴室旁邊的儲藏室裡找到了他，他正和一群德國兵在聚餐，酒和罐頭正是迪士尼剛買來的。

　　迪士尼大叫一聲：「你給我出來！」

　　德國戰俘全都驚呆了。按照相關條例，為防備戰俘鬧事，喝酒是被嚴格禁止的。他們的行為，最輕也得關禁閉。

　　他走出房來，一副謙卑的樣子，連忙向迪士尼求情。

　　迪士尼往屋裡看了看，只見那些喝酒的戰俘們正看著他們，眼神中既有恐懼，也有期待。他忽然心軟了，覺得這群德國兵也很可憐，便什麼也沒說，轉頭走了。

　　幾天以後，迪士尼奉命去送一批戰後剩餘物資，並允許他

選一名德國戰俘隨車負責裝卸。不知道為什麼,他居然在一大群戰俘中選中了那個戰俘。他親切地拍了拍迪士尼的肩膀。迪士尼不喜歡他這種舉動,把他推開。

他卻笑著說道:「別這種就以為我會怕你。其實你是一個善良的人,所以你兇不起來。」

他看了看迪士尼有些氣憤的表情,輕鬆地笑起來,說道:「只有善良的人才最容易受人欺騙,而騙人的人也總是找善良的人下手。你還太年輕,大概沒有騙過人吧!其實我不是壞人。我雖然騙過你,但我並沒有讓你吃虧。說句實在話,我很喜歡和善良的人做朋友。」

後來他們真的成了朋友。在以後有任務時,迪士尼總是帶上他。

有一次,一群對德國戰俘懷有敵意的法國小孩攻擊他們,他們兩人一起把那群孩子趕跑了。他們的友誼一直持續到他被遣返回國。

告別軍旅生涯

戰爭結束後的幾個月裡,美國人陸陸續續離開了法國,紅十字會也沒有什麼事可做了。

　　迪士尼後來被派到一個叫牛角堵的地方，在當地工作。因為沒有什麼工作可做，他便拿出了紙和鉛筆畫起漫畫。

　　迪士尼把所作的漫畫寄給美國最具幽默性的兩家雜誌，但是都被委婉的退回了。

　　一次，迪士尼開車去執行任務，路過一個市場，忽然眼睛一亮，他看見路邊有一個鄉下人在賣狗。那是一窩剛剛出生的小狼犬，在一個紙盒子裡擠成一團。激起迪士尼喜愛小動物的天性，他急忙跳下車，選了一隻黑灰色的小狗。

　　迪士尼把小狗帶回軍營，幫牠洗澡，還餵牛奶給牠。

　　小狗喝完牛奶，好像意猶未盡，伸出舌頭舔迪士尼的手，把他的手心舔得癢癢的。迪士尼非常喜歡這個小傢伙。

　　迪士尼開始訓練牠，給牠聽音樂，讓牠學會在音樂響起時用後腿站立起來，前左爪上揚，彷彿行禮一般。狗畢竟比豬聰明，訓練牠比當年訓練波克容易多了。

　　迪士尼還讓牠熟悉軍號聲。每天早晨起床號一響，牠就會跳到床上，對著迪士尼的耳朵「汪汪」不已。當主人起床之後，牠就將主人的衣帽用嘴叼過來。

　　牠敬重自己的主人，睡在主人的腳旁，預防敵人或他人侵犯主人。牠喜歡戴上主人的軍帽，並會表演許多特技。迪士尼喜歡在牠玩得高興時畫牠，他把許多素描畫都寄給母親。弗羅

拉最喜歡的一張速寫是牠調皮地從兒子的行軍包裡探出頭來。

迪士尼的畫吸引了整個軍營的注意。士兵們紛紛前來討畫，他們把迪士尼的素描貼在床頭。後來，一些想家的計程車兵又請迪士尼為自己畫肖像畫，然後寄給家鄉的親人。

迪士尼非常樂意為大家服務，這樣一來，他在不知不覺中畫了不少的肖像畫。

迪士尼的這些漫畫引起了一個人的注意，部隊裡的其他人都把這個人叫「窮小子」。窮小子則總是想著賺錢。他知道美國兵都喜歡帶點戰利品回去，特別是那些沒有實際作戰的人。

於是，窮小子弄來一批德國士兵的鋼盔，這在當時是很容易拿到的，然後迪士尼用快乾漆在上面畫上偽裝迷彩和各種標誌，再塗上泥巴，用槍打出彈孔，在彈孔周圍黏一些頭髮，變得好像是在戰場上撿來的。

經過偽造後的鋼盔身價百倍，當作戰爭紀念品出售，往往可以賣出高價。

每賣掉一個經過偽造的鋼盔，迪士尼可以從窮小子那裡得到半個法郎。等到迪士尼從軍營回去的時候，已經有了幾百法郎的積蓄。

迪士尼把一個月的 52 塊錢的薪水加上所賺的錢的一半寄給了母親，並且讓母親替妹妹露絲買手錶。

後來，迪士尼調回了巴黎。

這次見到的巴黎已經有所改變，再也看不到穿制服的軍人了，巴黎人也恢復了以前的生活節奏和態度，救護車部隊也不存在了，那裡的朋友也都回了美國。

但是，令迪士尼高興的是，他在這裡遇到了以前一同加入紅十字會的羅素。

他們一起喝著咖啡和酒，談著家鄉的事。

迪士尼熱情地詢問羅素：「你接下來有什麼打算？」

羅素說：「我想要造一艘船，從密西西比河上游向大海漂流，然後這樣漂回家鄉……」

可是迪士尼現在還不能離開這裡，他給了羅素 75 美元，請羅素把自己的狼犬先帶回家去。

羅素非常高興地接受了迪士尼的請求，並保證會把牠好好地送到芝加哥。可是誰知道，這隻可憐的小狼犬因為羅素的疏忽，後來居然死於了一場意外。

和羅素分開前，迪士尼又和他一起到照相館照了幾張照片，以便寄給朋友和親人。

1919 年 9 月 3 日，許多的美國人也陸續回國。美國的救護車隊也解散了，還沒走的隊員們便到碼頭去等船。

當時，碼頭工人正在罷工，迪士尼這時有幸在著名避寒勝

地裡的旅館住了一段時間，過著豪華的生活。

　　罷工一結束，迪士尼便登上了回國的輪船，從此開始了他一生的事業。

創業之路的起起伏伏

所有的夢都可成真，只要有勇氣去追求。

—— 迪士尼

創立個人的公司

當埃利亞斯和弗羅拉看到他們的小兒子時，不禁對他的改變感到驚訝。他不僅變得魁梧而且也顯得成熟了許多。

從外表上看也很老成，但迪士尼還是像小孩子一樣喜歡惡作劇。他拿出一個盒子給母親看，說裡面裝著他從戰場上帶回來的紀念品。

當他開啟盒子的時候，他的母親嚇得後退，盒子裡裝的是一個人的大拇指，原來這是迪士尼的惡作劇，他把拇指塗上碘酒，從盒子後面塞到盒子裡面。

當天吃完飯後，父子兩人在爐火前坐了下來，一邊抽菸一邊聊天。

從歐洲回來後要再去讀書，那是不可能的了。埃利亞斯想讓兒子到果凍廠工作，每週可拿 25 美元的報酬，這在當時的情況下已經是很不錯的機會了。但使埃利亞斯吃驚的是，迪士尼有禮貌又很堅決地回絕了。

「那麼你想要做什麼呢？」父親問他。

「我要做一名畫家。」迪士尼答道。

「要當一個畫家？那你怎麼過活？」埃利亞斯追問道。

「我也不知道。」迪士尼不得不承認這一點。

　　為了緩和氣氛，母親弗羅拉問起小狗，因為迪士尼來信說已託人把狗帶回來了，而家裡至今也沒見到那隻狗。迪士尼只好實話實說：狗已經死了。

　　迪士尼決定回堪薩斯去，因為他不喜歡芝加哥，他覺得這裡太吵雜、太髒亂、太醜陋了。

　　洛伊是在 1919 年 2 月離開海軍到堪薩斯市去的。迪士尼要回去看他兒時的朋友，而且他相信那裡會有人僱用他當政治漫畫的編輯。

　　迪士尼不顧父親的反對，把所有的東西以及紅十字會的制服收好，搭上火車就向堪薩斯去了。

　　在堪薩斯，迪士尼和哥哥洛伊重逢，兩人都很激動，因為分別太久兩人都有無盡的心裡話要向對方訴說。兩人談起了慈祥溫柔的母親弗羅拉，談起了過於嚴厲的父親，還談起了他們一直都念念不忘的仙鶴農場。

　　這時，洛伊在堪薩斯的銀行做出納人員，每月有 90 美元的薪水。他希望能早些加薪，以便和埃德娜‧弗朗西斯（Edna Francis）結婚。

　　在哥哥的幫助下，迪士尼安定下來之後，便開始尋找既能繪畫又能謀生的工作。

　　當洛伊得知弟弟想當一個漫畫家後，就抽出時間陪迪士尼

去堪薩斯的報社，他們以前都曾在那裡當過送報童。來到報社，但報社說他們根本不缺漫畫家。

當迪士尼知道一家報社要僱用一名繪畫助手的消息後，就趕緊去面試。為了使自己看起來顯得更成熟些，迪士尼穿上了那套紅十字會制服，面試官反而說他年齡太大。

迪士尼趕忙辯解說自己只有 18 歲，但面試官對他的辯解根本不相信，主持人看到他的履歷上記載他曾在紅十字會當過司機，就建議他到運輸部工作，但迪士尼回答說：「我要當漫畫家，不要當司機！」

他又把自己的作品拿到別處去碰碰運氣，雖然很受賞識，但也因沒有空缺而只能作罷。

一次次的碰壁使迪士尼很沮喪。後來還是洛伊使他振作起來的，因為洛伊聽一位老闆說公司缺一個畫家。

那間公司是一家新開的廣告公司，洛伊在銀行裡為該公司辦理業務。

迪士尼的真誠和熱情打動了兩位畫家老闆，他們要他拿個樣品來看看，迪士尼就把自己畫的那幅巴黎街景拿給他們看。他們要他第二天就來上班，薪水以後再議。迪士尼負責為農場農具和供應公司設計廣告。他的第一項工作就是為一家飼料公司設計廣告。

　　迪士尼設計了這樣一個畫面，他畫了一隻母雞在窩裡，窩的四周都是雞蛋，大大的雞蛋上畫著耀眼的美元符號。

　　迪士尼非常希望自己的表現能讓兩位老闆滿意。其中一位負責為戲院每週的節目預告設計封面草圖，他叫迪士尼把封面進一步完成。

　　這件工作一般人需要一天的時間，可迪士尼只用 3 個小時就完成了，而且還加上了自己的構想。公司的另一位學徒烏布‧伊沃克斯 (Ubbe Eert Iwerks) 是荷蘭移民的後裔，迪士尼跟他年齡相仿，只是烏布更顯得靦腆。烏布也像迪士尼一樣中學沒畢業就離開了學校，共同的經歷使兩個人成了好朋友。

　　當時烏布已是一個嫻熟的繪畫高手，熟悉廣告的竅門，他毫無保留地把他學到的繪畫技巧、專業技能給迪士尼看。迪士尼的指導老師認為大部分畫家都不喜歡人家的批評，但迪士尼卻不一樣。

　　一天，迪士尼在為一家食鹽公司設計廣告，畫面上是一頭牛在舔著鹽塊。老師站在後面看了一下，伸手擦掉了一些線條，又加上了另外一些線條。對此迪士尼並沒有絲毫的反感，反而因為得到老師的指點而感到高興。

　　過了一週後，兩位畫家告訴他每月有 50 美元的薪水。

　　「好啊！」迪士尼應道，卻連頭也沒抬一下。當他回去告訴

洛伊時，他坦白地說即使只給他一半的薪水，他也會繼續做。迪士尼非常希望自己的表現能讓兩位老闆滿意，他盡力幫老闆設計出一些新穎誘人的廣告。

但是，不久之後迪士尼卻被公司莫名其妙地開除了。迪士尼並不因此難過，他認為現在已經可以利用畫畫維持生計了。同時為了存錢，迪士尼又像以前那樣，到郵局找了一個臨時工作。

當迪士尼回到家門口時才發現烏布垂頭喪氣地在門外等他。烏布也被開除了，這對他來說可是一大災難。

原來烏布的父親是個酒鬼，母親臥病在床，家中還有幾個年幼的弟弟。他們全靠烏布每週賺的 15 美元繳房租和吃飯，一旦沒了他的薪水，全家就只能到街頭挨餓。

迪士尼和烏布都不願放棄自己心愛的事業，兩人想自己創業。迪士尼為了尋找其他的工作，就去拜訪他以前的鄰居。

迪士尼保證，如果給他們機會，他們可在城中每處用餐之處畫上有魅力的畫，而主編則可以用他們的插圖賣出廣告。這位主編答應一週付給他們 10 美元，並在他們小報社裡免費提供一間畫室。

其實，那也只是辦公室後面的廁所，除了一個水池和抽水馬桶外一無所有，但迪士尼一點也不覺得難堪。他考慮良久，

決定向母親要自己存的錢，請她匯 500 美元。

但是，因為父親的阻撓，母親只寄了 250 美元給迪士尼。迪士尼用錢買了書桌、畫架、畫板和噴槍。

很快，伊沃克斯·迪士尼公司就開始營業了。迪士尼明白當務之急是趕快尋找新客戶。由於烏布沒有推銷才能，於是這項任務就落到了迪士尼身上。

為了能找到客戶，迪士尼的足跡踏遍了印刷廠、電影院、商店以及石油公司。

迪士尼在堪薩斯生活多年，有著廣泛的社會關係，他使出全身解數，總算拉來幾筆小生意。

他們的第一個客戶是一個印刷公司，這家公司寄給他們一份石油公司的說明書，要求他們為此設計版面。石油公司的目的是吸引投資者的錢。善於想像的迪士尼負責設計，烏布負責作畫。他們的畫是一口油井中噴發出的美鈔正如雨點般紛紛落下。

這張畫新穎別緻，印刷廠十分滿意，皇天不負有心人，第一個月結束時，兩人淨賺了 135 美元，雖說不算太多，但也比原本要多。

這對兩個年輕人來說是一個不小的鼓勵。

迪士尼和烏布激動地擁抱在一起，開始計劃他們的未來。

首次接觸電影

很快，他們又在火車站附近租了一間公司。

隨著事業的發展，烏布家的情況也好轉起來。但是廣告公司僅僅維持了一個月。

1920 年 1 月 29 日，烏布在報紙上見到一則廣告，幻燈片公司徵求卡通畫家。兩人討論了半天，烏布認為迪士尼應該去應徵，這份工作對迪士尼來說再適合不過了。於是，迪士尼去見了那家公司的負責人，負責人對他的漫畫很滿意，答應每週給他 40 美元。

迪士尼當然很興奮，但他希望只做半天工作，以便繼續和烏布經營他們的廣告公司。而對方卻堅持要他整天上班。

迪士尼只能回去找烏布討論，烏布認為這是不可多得的好機會，勸說迪士尼接受這份工作。

「公司的事，我一個人可以。」烏布讓迪士尼放心。

但烏布不大擅長做生意，因而公司的業務量逐漸下降。1920 年 3 月，迪士尼說服了公司負責人，烏布也成了幻燈片公司的一名員工。於是伊沃克斯・迪士尼公司只好關門了。

堪薩斯幻燈片公司不久後改名為堪薩斯電影廣告公司。那裡的一切都使迪士尼著迷，他特別喜歡這份工作，以致於後來

有人邀請他去做漫畫師，他毫不猶豫便拒絕了這個邀請。

電影廣告公司的業務就是利用電影來廣告，它拍攝的廣告短片有一部分是用動畫製作的，一般只作為電影院正片前的播放。

這種卡通片非常原始，製作的過程也很簡單，但各部門對於自己所製作的東西都非常保密，不願告訴別人。

迪士尼非常好奇，他想搞清楚這種卡通究竟是怎樣製成的。他就和攝影師交朋友，攝影師告訴他怎樣把不動的圖片拍攝下來而使人產生動的幻覺。

不久他就讓迪士尼自己操作攝影機。

為了弄清其中的奧祕，迪士尼在公共圖書館找到了兩本書。一本書是介紹卡通製片的基本原則。對於迪士尼來說，這本書實在是太簡單了。

還有一本書探討了人和動物動作的有關問題。迪士尼仔細研究了裡面所拍攝的馬匹和運動員在運動時的照片，然後又把這些照片影印出來。照片放在辦公桌上，作為自己繪畫的依據。

老闆認為他畫的卡通更具有真實性，決定採納迪士尼的新方法，於是他和烏布就開始為這家電影廣告公司繪製這種卡通。

迪士尼創作的廣告大都是活潑、幽默，又含義深刻，言簡意賅。他的創新精神使他在電影廣告公司脫穎而出，並且很快

彌補了他在繪畫技巧方面的不足。

為了做一項試驗，迪士尼向老闆借了一架攝影機。這架攝影機是公司的，一次可以照一張慢照，他又請洛伊幫忙，把家裡布置成攝影棚。

從此，迪士尼用白熾燈做試驗，每天工作到凌晨，直至他的畫被拍成最佳電影。經過艱辛的努力，迪士尼的第一部動畫就這樣在洛伊的面前拍成了。

終於有一天，弟弟迫不及待地對他說：「洛伊，我今天要請你看我拍出來的電影！」

迪士尼用一架小型放映機，把他的作品投放到車庫的牆上。這是一部只有幾分鐘的動畫短片，沒有音樂，沒有對話，但故事是能讓人看懂的。

畫面中爸爸和媽媽帶著他們的孩子，乘坐一輛敞篷車外出旅遊，道路顛簸，車身猛烈震動，把孩子的玩具，爸爸媽媽的眼鏡、假牙，都震到天上去，最後連車子也變成了一堆破碎的零件。在看時，洛伊一直大笑，結束後他竟情不自禁地鼓起掌來。

初期的卡通繪製已具有驚人的技巧，片中畫家的手在紙上滑過，好像在以閃電般的速度畫著滑稽的畫。迪士尼將卡通片的樣本送給紐曼戲院公司。這家公司在堪薩斯擁有 3 家電影院。

「我很喜歡這個卡通片，年輕人。」看了之後，那家公司經理高興地說，「每個星期我可以換一部。你要多少價錢？」

「每英尺 3 分錢吧！」迪士尼估算了一下後說。

經理很滿意地同意了，迪士尼也很高興。但離開不久後，迪士尼便發現 3 分錢一英尺根本沒有什麼利潤。看來，他當時是太高興了，但他並不後悔。迪士尼不是為錢而工作的，他相信無數陌生的觀眾會接受他的卡通片。他真正需要的是用自己的卡通把歡樂帶給每一個不快樂的人。

堅強面對失敗

白天迪士尼在電影廣告公司忙一整天，晚上他還得在自己的攝影棚努力工作。

經理為他提了許多有關卡通片的建議，如戲院開幕週年紀念、競選、聖誕節等。電影院中有些觀眾喜歡朗誦電影上的字幕，吵得大家不愉快。為解決這個難題，經理請迪士尼想想辦法。

於是，又一部卡通片被製作出來。這部片中有一個滑稽的教授，拿著木槌，到處敲打那些喜歡讀字幕的人；或者索性開啟一個門，於是那些愛讀字幕的人就被流放到街上。

當迪士尼進一步掌握了繪製卡通的技巧時，一部真正的卡通產生了。

　　迪士尼因為卡通而小有名氣。當他的老同學遇到他時，大家都表示看過他的卡通。公司的老闆也以他為榮，經常向重要人物介紹他。

　　老闆為了讓分公司的人也了解在電影院放映的卡通可以做成什麼樣子，便到他在各城市的分公司去放映。

　　迪士尼的眼界也漸漸遠大，他向老闆建議可以製作一連串的卡通故事短片賣給電影院放映。但他沒有批准，因為他認為整個美國中西部的電影院都買他的廣告電影，這說明電影廣告公司已經很賺錢了，何必再冒險嘗試新的東西呢？

　　迪士尼出名後，同時也掌握了動畫製作技術，於是又開始做當老闆的夢了。這次當然是要創一個動畫電影公司，為此他做了充分的準備。

　　正當迪士尼緊張地籌備自己公司的時候，洛伊因患肺結核被退伍軍人管理處送到洛杉磯去療養，兩人又分開了。同時，父親在工廠的投資因工廠破產而化為烏有，公司總經理也坐了牢。因此，他的事業又失敗了。但他還是想透過改變環境來改變他的運氣。

　　於是，夫婦二人回到堪薩斯，想找一份木匠工作。在發現

迪士尼的新奇東西擺滿他家裡時，他不懂兒子為什麼要在那些東西上面浪費時間。但是，他還是允許迪士尼在每月交 5 美元租金條件下，繼續使用。

埃利亞斯很少有工作做，因為戰後建築業很不景氣。這時，赫伯特已經被郵局調到俄勒岡州的波特蘭，他於是邀請父母去他那裡。埃利亞斯同意了，並於 1921 年 11 月和弗羅拉帶著露絲搭火車離開堪薩斯。

迪士尼眼中含淚，到火車站去送他們，但只說聲「再見」就離開了。這一切都被露絲看在眼裡。

迪士尼的老家住進了新屋主，迪士尼只能把自己的東西搬到一套公寓去。現在他租了一幢小公寓，因為他的事業已經擴大，不能自己做了。

於是，他刊登廣告，招募願意學習繪製卡通的年輕人。迪士尼教導來應徵的 3 個人繪製卡通的技巧。他告訴他們相信他的事業一定會成功，成功後就把賺的錢分給他們，但他目前付不起薪水。

為了成功，要突破只製作一分鐘影片的情況，迪士尼提出了製作這種卡通片的整體計畫：根據傳統的故事，加上笑話使其具有現代感。

這之後的 6 個月裡，迪士尼和他的同伴們，為了製作他們

的第一部電影，每天工作至深夜。迪士尼對他的卡通片非常滿意，他甚至還把在電影廣告公司的 60 美元一個月的那份工作辭掉了。

1922 年 5 月 23 日，他用 1,500 美元組成一個歡笑動畫公司，這是他向當地的投資者每人募資 250 到 500 美元而得到的。

之後，迪士尼租了更大的房子。因為公司除他和烏布外，又新增了 5 位卡通畫家、一位業務經理、一位負責上色的女孩子，一位業務員和一位祕書。

歡笑動畫公司有一個令人愉快的工作場所。總經理才 20 歲，平易近人，不僅參加卡通製作，而且操作攝影機，員工中有許多還不到 20 歲的年輕人。

當公司財務困難時，他們只能拿到一半薪水，但他們毫不在乎，照樣熱衷於製作卡通，而且常常工作到凌晨。

一到星期天，他們就和迪士尼一起到公園或大廈的頂樓，進行他們所繪製卡通的演出。

迪士尼花了 300 美元，終於買到了一架攝影機。對迪士尼來說，這架攝影機的用處很多。

歡笑動畫公司除了拍攝動畫之外，還有兩項副業，一項是拍攝新聞紀錄片，賣給國內幾家大的新聞電影公司；再來就是為堪薩斯的市民提供拍攝家庭生活片的服務。這兩項副業為公

司緩解了流動資金的不足。

1922 年的秋天，製片業務在這些年輕人手裡越來越難維持了，因為沒有收到購買卡通片的錢。根據合約規定，6 個月後才付錢，雖然影片已收到。但是，6 個月後，對方早已宣告破產。這樣，雖然 6 部 7 分鐘的卡通片已被製出並交付使用，歡笑動畫公司卻只得到 100 美元的訂金。

當歡笑動畫公司付的薪水越來越少的時候，工作人員開始陸續離開。最後連烏布也回到電影廣告公司去了。

11 月下旬，雖然迪士尼的主要資助人被說服再支付 2,500 美元以應付公司的主要債權人，但迪士尼自己連支付房租的錢都沒有。有一兩個星期他借住在烏布的房間裡，或者住在公司辦公室裡。

辦公室樓下有一家飯店，歡笑動畫公司一直在這裡吃飯，現在由於欠款太多，那位希臘老闆拒絕迪士尼去吃飯了。迪士尼沒辦法，只好吃廉價的罐頭豆子。

有一天，那位希臘老闆登門討前，見此狀況，實在於心不忍，便說：「今後你還是到我那裡去吃飯吧！」

直至迪士尼離開堪薩斯，他還欠希臘老闆 60 多美元。

辦公室裡沒有浴室，他不得不每星期去一次火車站，花一分錢買一塊肥皂、一條毛巾，在那裡洗一次熱水澡。洗完澡

後，他站在月臺上，看著載人的火車向其他城市駛去。

這個時候，迪士尼便不由想起在這裡乘車西去的父母、妹妹，還有洛伊，不禁淚流滿面。

幾年以後，回憶起當時的情景，他不由得感慨地說：「那時候真是太寂寞了！」

在這百無聊賴的日子裡，轉折點終於來了。

有一天晚上，迪士尼接到一個電話，是一位牙科醫生打來的。他說：「華特先生，您能不能過來一下？我想拍一部有關牙齒保健的影片，您如果願意，就過來談一談。」

有生意迪士尼當然高興。可是此刻他出不了門，因為他唯一的一雙皮鞋拿去修理了，而且因為沒有錢，皮鞋也拿不回來。萬般無奈，迪士尼說了實話。

牙科醫生說：「既然這樣，還是我到你那裡去吧！」

迪士尼穿著拖鞋，在辦公室裡見了牙科醫生。他原以為在這樣寒酸的狀況下談生意是不會談成的。可是出乎意料，醫生走的時候不僅給了迪士尼鞋子的錢，而且給了他拍攝牙齒健康影片的契約書，以及 500 美元的拍片費用。

一些歡笑動畫公司的人員又被迪士尼請回來，以製作影片。

對迪士尼來說，這筆出乎意料的收入是未來的希望。於是，他想藉此恢復公司的業務。

這是一部科普動畫，把牙齒保健表現得深入淺出。此片的投資人十分滿意。這部影片賺了錢，迪士尼馬上想出新的拍片計畫。他有一個大膽的設想，要把真人引進動畫裡去，也就是說，讓真人和動畫共同演出一個故事。

這部片名叫《愛麗絲夢遊仙境》(*Alice's Adventures in Wonderland*)。

它是英國童話作家的一部作品，在西方流傳極廣。迪士尼太想拍這部電影了，卻沒有考慮拍攝這樣一部電影需要多少資金，也沒想過自己是否有如此財力。結果才完成一半，錢就花光了。

迪士尼只能去找早期的投資人，請求幫忙再次維持歡笑動畫公司。但是，這些投資人早已自認倒楣，寧願不收回以前的投資，也不願再做無謂的投入了。

工作人員也再度離去，歡笑動畫公司終於破產。迪士尼最終被迫去了好萊塢。

再創業的決心

當迪士尼在 1923 年到達好萊塢時，好萊塢已成為公司林立的城市，電影業已經發展成一項行業。

當時，迪士尼的叔叔退休住在洛杉磯，迪士尼就住在他家中，開始探求這個新奇的、充滿陽光的世界。

迪士尼到好萊塢看過拍攝現場，當他乘坐太平洋公司製造的紅色大吊車觀看拍攝《羅賓漢》(*Robin Hood*) 所建造的巨大的賽車大圓環時，深深讚嘆。

那宏大的氣勢使他驚嘆不已：「這才是真正的電影，相比之下，動畫電影只能算是小兒科了。」

迪士尼迫不及待地趕到洛杉磯的北郊，沿著好萊塢的大道行走，每次經過卓別林拍攝片場的英國式平房，就希望能夠看到這位他所崇拜的偶像。

迪士尼來到環球電影公司，忽然心裡一動，想：「為何不進去看看？」

他曾受聘於環球新聞電影公司做駐堪薩斯的記者，而現在他身上還帶著當時的名片。他把名片拿給環球公司的保全看，於是成功進入。迪士尼在廠區內亂逛了幾個小時，看了玻璃圍著的舞臺、戶外布景和電影拍攝時的情況。這一切都使他如痴如醉。

第二天，迪士尼來到環球公司的人事部門，說明他在堪薩斯的經歷，並請求擔任導演，但是被拒絕了。迪士尼又到其他的電影公司去應徵導演工作，也被拒絕了。

迪士尼身上一分錢都沒有，甚至連住在叔叔家一個星期 5 美元的吃住費用都要向洛伊借。

迪士尼到醫院看望洛伊，把他落魄的情形告訴了洛伊。洛伊建議迪士尼重新回到卡通製造的本行。

「不行，太遲了，」迪士尼說，「現在我看已趕不上紐約那些傢伙了。」

卡通片在 10 年以前就受到歡迎，但是在這 10 年中，卡通片沒有太大的進步。直至 1913 年卡通片才具有商業價值。但那時的卡通片還很粗糙。

迪士尼很少對自己失去信心，但對於這次和紐約專業的卡通製片廠競爭卻沒有把握。此外，好萊塢也沒有卡通畫家可以幫他忙，卡通片的製作事業完全集中在紐約。這時候，迪士尼仍然繼續向製片廠尋找工作。

有一次，他碰到了在堪薩斯認識的一個朋友，這位朋友和他一樣對電影工作著迷。他當過群演，問迪士尼願不願意到鏡頭前露露臉，他可以負責介紹。

迪士尼這時正需要賺錢交房租，便點頭答應了。這次是扮演一隊騎兵。迪士尼化了妝，騎上馬，只等導演一聲令下，便衝過鏡頭。就在這時，天降大雨，硬是把劇組給沖散了，這之後也換了一批臨時演員。

叔叔對迪士尼找不到工作和前途渺茫的情形，常常嘮叨。最後，迪士尼認為他要加入電影行業，唯一的途徑還是卡通片，他決定像從前那樣從頭做起。

　　迪士尼用裝貨的箱子和沒用的木板，在叔叔的車庫裡裝了一個卡通片拍攝架。現在還需要一個買主，於是他去拜訪擁有幾家電影院和雜耍戲院的亞歷山大。

　　他向一位助手說明他的製作大綱。

　　這位助理回答說：「亞歷山大先生對這種東西不感興趣。」

　　「你怎麼知道我不感興趣。」這位助理的話音剛說完，亞歷山大出現了。於是，迪士尼說出了他的計畫。

　　「你拍一部給我看看，如果真像你說的那樣，我會很感興趣。」他說。

　　迪士尼回到叔叔的車庫裡，馬上著手設計電影的背景。由於工具簡陋，畫不出什麼複雜的東西，迪士尼就決定將形象貼在簡單的背景上，而笑話則是以氣球在人物頭上爆炸的方式呈現。

　　迪士尼也嘗試了另一種方法，他相信《愛麗絲夢遊仙境》仍然可以作為他打入卡通片行業的敲門磚。叔叔租給迪士尼一間車庫，他又從三哥那裡借得 10 美元印製信封，公司暫定名為「華特・迪士尼動畫公司」。他寫了許多信給往日曾經聯絡過的

電影公司，希望他們能訂購他的動畫。

不久，紐約有一家公司來信。這家公司的主管曾看過迪士尼拍的電影，十分滿意。她在信中訂購了《愛麗絲夢遊仙境》動畫集，每一集出價 1,500 美元，條件是主角愛麗絲須由她指定的一位 6 歲的小姑娘扮演。

迪士尼收到這封電報的時候已經很晚了，他馬上坐上公車，找到了洛伊的病房。洛伊被驚醒了，看到弟弟站在他床邊，手裡握著一張紙，很奇怪。

「什麼事？」他輕聲問道。

「我們成功了！我們得到了一份合約！」迪士尼興奮地說。

病房裡的其他病人被吵醒了，很不開心。

洛伊告訴他別太激動，輕聲地解釋一下究竟怎麼回事，迪士尼就把電報的內容告訴了洛伊，並說他找到了進入卡通事業的機會，而且一開始就很好。但表明他需要幫助。

「我們一起做吧！」迪士尼請求著。

「你能保證賺錢嗎？」洛伊問。

「能。」迪士尼很有信心地說，「750 美元可以拍一部，而她答應給我 1,500 美元，也就是說利潤可達百分之百。」

「那麼，你能按時完成嗎？」洛伊又問。

「沒問題，我有把握。」迪士尼請求道，「不過，我需要有人為我管理財務。我們一起做吧！」

「好吧！華特，我會幫助你的。」

迪士尼不禁露出笑容，拍拍他哥哥的肩膀，滿懷希望地走出黑暗的病房。

為了未來的事業，洛伊把他存的 200 美元投資到電影業上，最後還向叔叔借了 500 美元。

克服困難的堅毅

1923 年 10 月 16 日，迪士尼、洛伊和那位主管簽訂了一份合約，愛麗絲喜劇的發行權由她購得，前 6 部片每部 1,500 美元，後 6 部則是 1,800 美元，還有兩套則以後再商量。

迪士尼向一家房地產公司查詢，表示一個月可以付 10 美元的房租，而以這樣的價錢唯一可以租到的一間房子，是那家房地產公司的後院。

「我租了！」迪士尼說。他以 200 美元買了一架攝影機，是二手貨，他教洛伊如何操作它。迪士尼又以每星期 15 美元的薪水，僱用了兩個女孩子，擔任上色的工作，而漫畫製作的工作

則由迪士尼一個人負責。

電影拍得相當順利，沒過多久，第一集就完成了。

由於迪士尼在製片過程中充分發揮想像力和創造力，整部電影新鮮有趣，她看後十分滿意，很快將 1,500 美元匯給迪士尼。收到第一張支票使迪士尼兄弟非常興奮，迪士尼立刻開始拍攝第二部電影。

為了便於拍攝和他臨時僱來鄰居小孩演出真人動作，迪士尼在好萊塢大道附近租了一塊空地，價錢是一個月 10 美元。愛麗絲的狗是由叔叔的狼狗飾演的。

1924 年 2 月，迪士尼第一次僱用了一位卡通畫家，他們搬到了一家月租 35 美元的店裡，位於金斯韋爾大道 4649 號，另加 7 美元又租下了車庫。迪士尼把它改成辦公室，窗上掛著「迪士尼兄弟製片廠」的牌子。

迪士尼把電影寄出，並附了封信。這位發行人回信說需要再多一點笑話。很快迪士尼又寄出了新的電影，又附信一封，表示幽默感已大為增加，並說他希望這些電影能成為較高尚的喜劇而非一般的低俗滑稽劇。

發行人對這一部非常滿意，並把全套電影賣給其他發行人。3 月，第一部愛麗絲喜劇被推上了電影螢幕。這位發行人在信中說看好此類卡通片的前途。

因為迪士尼每一部動畫都要求高水準，所以製作電影的利潤越來越少，有時候根本沒有利潤可言。這個小製片廠需要更多的財務支援。於是，迪士尼讓洛伊向女友借錢。洛伊堅決地拒絕了這一要求。

　　但迪士尼不顧反對，自己寫信請她寄錢來，並且不要告訴洛伊。埃德娜寄了一張 25 美元的支票給迪士尼。她在一家保險公司工作，已存了一些錢。

　　洛伊知道後，非常生氣，和迪士尼大吵了一架。

　　此外，迪士尼還一再地請一位風琴手幫忙，他曾經向「歡笑卡通公司」訂了一卷唱歌的影片。他為迪士尼兄弟製片廠寄來了 275 美元的支票。

　　1924 年 5 月下旬，迪士尼完成了愛麗絲喜劇第一套 6 部電影的製作。迪士尼自己完成了大部分繪製的工作。這種工作極為辛苦，而且要細心。迪士尼很了解自己擅長創作笑話，但畫技則並不足以成為第一流的卡通繪製人。他覺得如果專心於構思劇本，公司的進展會更快。

　　於是，迪士尼寫信給烏布，邀請烏布前來。烏布的回信措辭委婉，只說他在電影廣告公司的生活很安逸，每週有 60 美元薪水，不想改變。迪士尼不死心，接二連三地勸說。

　　他告訴烏布，在迪士尼兄弟公司是以繪製動畫故事片為

主，這對烏布是最適合的。這一席話打動了烏布，最終他同意到洛杉磯來，每週薪資為 40 美元。

雖然烏布的薪水低了 20 美元，可是對於迪士尼兄弟公司來說，這也是一個難以承受的負擔。當烏布領了第一次薪水之後，就沒有多少錢了。由於繳不起房租，只好從叔叔那裡搬出，兩人合租一間較小的房子。

平常，他們就在房間裡做飯或在附近的一家餐廳裡吃飯。他們很節省，想出了節省飯錢的辦法，迪士尼買一份肉，洛伊買一份蔬菜，然後兩人分著吃。

而此時，發行人結婚以後就退休了，業務由他人接管，因此製片人和發行人之間的關係沒有以前那樣融洽了。

烏布的到來不但提高了愛麗絲喜劇繪製的品質，而且加快了製作的速度，但公司的利潤仍沒有增加。發行人每次只付電影一半的價錢，因此迪士尼就常常在信中表達出急需用錢的情形。

發行人又一再要求更多的笑話，而迪士尼回答說：「我們已盡力使電影充滿笑聲，整個電影的情節是一個笑話接著一個笑話。」

當增加笑話以後，觀眾們對這些電影的喜愛程度也大為增加。雜誌紛紛評論：迪士尼的每一部卡通，看起來都越來越富有想像力和智慧。

12 月，發行人提出以每部 1,800 美元的價格續簽 18 部愛麗絲電影，並讓迪士尼分享租給電影院放映的利潤。至此，迪士尼兄弟製片廠才算站穩腳跟。迪士尼又從堪薩斯請來了哈曼（Hugh Harman）和魯道夫‧伊辛（Rudolf Ising）這兩位原來「歡笑動畫公司」的老搭檔。

從挫敗中崛起

　　我並非主要給孩子拍攝電影，我拍的電影是獻給我們每個人心中的孩子，不管我們是 6 歲還是 60 歲。

—— 迪士尼

獲得幸福婚姻

一個偶然的機會，促成了迪士尼的婚姻。

洛伊和女朋友於 1925 年 4 月 7 日結婚，在場的有埃利亞斯和弗羅拉、赫伯特、迪士尼、埃德娜的父母，還有莉蓮‧邦茲（Lillian Bounds）。

因為埃德娜在好萊塢沒有熟人，洛伊便從製片廠新來的女員工中挑了一位當伴娘。

洛伊並不是隨便選上 24 歲的莉蓮，他覺得迪士尼應該找個女朋友了，而這個黑頭髮的女孩也許正是他要找的人。她有著粗糙的臉龐以及他和迪士尼都喜歡的中西部健壯的身材。她外貌就像他們的母親那樣子，而不像好萊塢遍地都是的那些嬌弱的明星。

密密的睫毛，濃濃的眉毛，還有紅紅的臉頰，襯著莉蓮粗糙的臉龐。她微笑的時候嘴角只是很輕微地翹起。她曾不止一次在製片廠說，迪士尼是丈夫的最佳人選。

莉蓮生長在愛達荷州，1923 年夏天她利用幾天的假期第一次來好萊塢看望她的姐姐。

在好萊塢，她遇到一個女孩，是迪士尼製片廠的第一個女員工，她們交了朋友。女孩對莉蓮說：「我可以幫妳找一份工

作。」這個工作除了要會上色外，並不需要多少技巧。

莉蓮本想回絕這份工作，但見到迪士尼後就認為這個工作也許很值得。迪士尼僱用她，主要是因為她的姐姐就住在製片廠附近，如果她晚上工作得晚，也不用額外再付給她車費。

洛伊結婚後的幾天，迪士尼因想逃避孤獨與失落感，曾考慮搬去和烏布住在一起，但後來又打消了這個念頭。因為他開始把時間花在莉蓮的工作崗位上，幫助她提高上色的技術。

一天晚上，兩人又一起工作到很晚。迪士尼彎腰要她看工作臺上的一樣東西時，感到她濃密柔滑的頭髮撫過他的臉頰。他聞到了她身上的香水味並感覺到她的裙子輕輕地擦過他的褲子。他不假思索地在她的脖子上吻了一下。

莉蓮又驚又喜，紅了臉，她知道她贏得了這個大孩子的心。但她什麼也不說，好像什麼事情也沒發生。

一次，他們又在一起閒聊。莉蓮說：「華特，你總是穿這件衣服，真不知道你穿西裝打領帶是什麼樣子。」

迪士尼大笑起來：「跟你說實話吧，我既沒有西裝，也沒有領帶，我只有這套衣服啊！」

其實莉蓮早猜到了，但她故意驚訝的說：「是嗎？你不是賺很多的錢嗎？」

「莉蓮，有些情況可能你還不知道，製片廠現在還很窮，不

能說有好多錢。」迪士尼坦然地說，「我曾經破過產，那時好慘啊，連出門的鞋都沒得穿。」

那天晚上，他們工作到很晚，迪士尼決定開車送莉蓮回家。這時已經有了一輛二手汽車。

當莉蓮到家下車時，迪士尼忽然問了一句：「如果我有了西裝，你會讓我到家裡坐坐嗎？」

莉蓮溫柔地告訴迪士尼：「你現在就可以進去坐呀！」

迪士尼局促地說：「不不，還是等買了西裝再來吧！」說著他就把車開走了。

很快，迪士尼買了一套灰綠色雙排扣的西裝，這在當時是很時髦的。他立即到莉蓮家去做客。在客廳裡，他急忙問道：「你喜歡我的衣服嗎？」

莉蓮回答說：「你的衣服很新，可是汽車太舊了。」

迪士尼說：「你說得很對，這輛車確實太舊了。可是現在我的錢還不夠。莉蓮，請妳告訴我，妳希望我買一輛汽車，還是買訂婚戒指？」

迪士尼是在變相求婚。

「訂婚戒指。」莉蓮毫不遲疑地說。

這等於同意了求婚。

第二天，迪士尼叫洛伊預支 120 美元給他，用 40 美元買了一套結婚禮服，用 75 美元買了戒指，洛伊很高興。

第二天，迪士尼去向莉蓮求婚，莉蓮同意了。他們很快就確定了婚期。

迪士尼目睹了洛伊的婚禮剛滿 3 個月，24 歲的他就與莉蓮結婚了。

婚禮於 1925 年 7 月 25 日在莉蓮的哥哥家舉行。

與此形成對比的是：雙方的家人只有莉蓮的母親參加了婚禮。

迪士尼沒有邀請自己的父母參加，因為擔心旅程太遠，他們受不了。也沒有請洛伊，他仍然記恨他與埃德娜結婚的事。婚禮結束後，新婚夫婦就前往洛杉磯。

他們在蜜月包廂裡度過了新婚第一個晚上的前半段時光，後來迪士尼突然覺得一陣牙痛，他說了聲抱歉，就走出包廂。

在車廂狹窄的走道上緊張不安地來回了近一個小時，他仍然無法減輕自己的憂慮，便跑到車廂裡，讓擦鞋的人把他的皮鞋擦了又擦，反反覆覆一直擦到深夜。

這一異常的清潔舉動和迪士尼在洛伊舉行婚禮前埋怨他還發怒是相同的表現。

抵達洛杉磯後，度蜜月的新婚夫婦搭輪船去西雅圖。直到

抵達華盛頓後，迪士尼才完全擺脫憂慮。

　　第二天，他便縮短了蜜月的時間，說製片廠有急事，需要他馬上回去。

　　由於拍攝愛麗絲系列電影賺了錢，迪士尼製片廠總算站穩腳步。

陷入奧斯華之爭

　　1925 年 7 月 6 日，他們以 400 美元價錢買了一塊地，準備建造一座更大的製片廠。

　　他們把以前借的 500 美元還了，但又不得不低聲下氣地向叔叔再借 100 美元。當製片廠的資金不足的時候，洛伊甚至把每月 80 美元的軍隊退休金也拿來用。

　　製片廠的資金准轉主要是靠當初發行人針對每部新片所付的價款。現在這些錢由新的發行人親自把支票送來。

　　但對迪士尼來說，這些錢總是來得太慢了。他向發行人表示不滿，因而引發了一場不太友好的筆戰。

　　最後，發行人還是提出了一個新的約定，以 1,500 美元的價錢買一部愛麗絲電影，並在他收到 3,000 美元租金後，多餘的錢

與迪士尼平分。在之後的兩個月中，他們利用書信和電報繼續討論，每次雙方都做出一點讓步。

愛麗絲喜劇放映了兩年，迪士尼了解到人們對這些喜劇的歡迎程度已經慢慢降低了，而且也越來越難以想出笑話把這個漂亮小女孩融入卡通的動作裡。因為愛麗絲基本上不算一個喜劇人物，大部分喜劇效果是由貓擔任的。

至 1926 年底，愛麗絲喜劇顯然已到該結束的時候了。環球電影公司的創始人卡爾·拉姆勒（Carl Laemmle）曾經向發行人表示，要一套以一隻兔子為明星的影集。於是發行人便向迪士尼建議或許可以拍出這套電影來代替愛麗絲。

果然，迪士尼非常感興趣，並親自花了一個通宵，畫出一隻非常新穎的兔子。

迪士尼希望這隻兔子能給自己帶來好運，便為牠取名為《幸運兔奧斯華》（Osward, the Lucky Rabbit）。

接著，他就把草圖帶給發行人。發行人對於迪士尼動作很快、畫得也相當好，確實感到很驚訝，就建議迪士尼能夠試拍一部動畫。

迪士尼負責編劇，烏布則把奧斯華的草圖進行修改，最後畫成一個十分完善的圖樣。迪士尼辛苦了一整天，寫出一部短片的概要，內容只不過是彼此沒有關聯的滑稽可笑的小丑動作。

製片廠一週內就把影片拍成了，迪士尼親自把牠送到發行人那裡，發行人再把影片送給拉姆勒觀看。

遺憾的是，拉姆勒並不喜歡這部電影，他抱怨沒有情節，拍攝不穩；而使他最為不滿的是奧斯華的畫法，他認為畫得太胖了，沒有吸引力。

當發行人以同樣的態度對待迪士尼時，迪士尼就把膠片全部毀掉，和烏布重新編寫故事與人物。全體工作人員都行動起來，以保證繪製的背景和人物是製片廠所能繪製的最佳產品。烏布還臨時裝了一個馬達來穩定攝影機。

幾天後，他們將重拍的動畫交給發行人，由奧斯華扮演動畫世界裡的電車司機。

發行人把電影交給拉姆勒，他勉強通過了。於是發行人就告訴迪士尼這個好消息，說經過他的努力，奧斯華與環球製片廠達成一筆交易，因此迪士尼把發行人當作英雄，認為他一直對製片廠忠心耿耿。

1927 年初，環球電影公司發行了《幸運兔奧斯華》動畫的第一部，電影一上映，立即受到了熱烈的好評。

就在該片上映的第二天，《洛杉磯時報》的頭版第二條，出現了特別長篇報道，該報道這樣寫道：

昨晚，對於好萊塢來說，應該是有一個值得紀念的時刻。

長久以來，人們認為世界上第一部動畫是 1906 年英國人詹姆斯‧斯圖爾特‧布萊克頓（James Stuart Blacktin），但是他們不知道，早在 1900 年的美國，我們就有了。

雜耍上我們美國人不落後於歐洲，相反，我們要領先於他們，儘管只有一點點。但是昨天，環球電影公司出品的一部電影，讓我們有了兩個認知：

第一，動畫不是雜耍，這種透過膠片來呈現到我們眼前的形式是藝術，和電影一樣偉大的藝術。它有著絲毫不遜色於電影的巨大魅力，甚至有些地方比電影更純粹。

第二，今天，我們可以驕傲地向世界宣稱，特別是對歐洲宣稱，動畫的未來、動畫的光明，在美國，在好萊塢，在環球電影公司！

從昨天開始，因為這部片長一個小時的美國第一部長篇動畫電影也是世界第一部長篇動畫電影的存在，我們可以毫不客氣地對歐洲的同行們說，我們在動畫上已經遠遠領先於他們！環球電影公司再一次為美國電影界爭取到了極大的榮譽！

觀眾很喜歡奧斯華，一時間，兔子奧斯華成了孩子們心目中的偶像，奧斯華的名字和形象開始出現在各類商品上，甚至小學生的衣領上也有奧斯華的徽章。

這樣一來，環球公司和拉姆勒獲得了極高的利潤，著名的

紐約動畫廠第一次注意到西海岸的這家小公司已製作出一部風靡一時的電影，其品質和吸引力都可與東部的產品互相媲美。

拉姆勒很高興，命令發行人每兩週出一集新的「奧斯華」。發行人把這個命令轉達給迪士尼，和他達成了新的協議，每部動畫預付 2250 美元，按票房的總收入分享部分利潤。

發行人請人親自將支票送到迪士尼的公司，他拿到一部拍好的電影就支付下一部電影的預付款。

在迪士尼製片廠，發行人和他的支票總是受歡迎的，他可以隨意在走廊裡漫步，與員工們閒聊。

迪士尼雖然對這系列電影的成功感到高興，但他偶然得知環球製片廠和拉姆勒已經在用奧斯華這個角色做生意，而他們既沒有告訴他，徵求他同意，也不讓他分享利潤，這使他很煩惱。

有一天上午在去製片廠的路上，迪士尼在當地的一家雜貨店停下來買香菸時，發現櫃檯裡擺著名叫奧斯華的糖果，在這下面還有向顧客建議的一句話：

去看電影奧斯華吧！

回到製片廠後，迪士尼把這個情況告訴了洛伊，洛伊建議他不要採取行動。他向弟弟保證，這種宣傳會使他們的動畫賣得更好，這正是他們創業的目的，而不是糖果。但是，事情並

不像洛伊說的那樣。

在拍攝《幸運兔奧斯華》電影的兩年中，發行人派人往返於紐約和洛杉磯之間，名義上是業務上的溝通，暗中卻在挖角迪士尼身邊的人。

那時製片廠裡已經有了一支初具規模的畫家隊伍，他們和製片廠裡的動畫畫家們頻繁見面，許諾他們優渥待遇，讓他們脫離迪士尼，畫家們大多都答應了。

他們自然不會忘記烏布，烏布也曾經猶豫過，但迪士尼賺了錢沒有忘記老朋友，他替烏布加薪，這使烏布大受感動，決定留下來。

奧斯華合約於 1928 年 2 月結束。一方面為了旅行，一方面為了和發行人和環球公司洽談新的業務，迪士尼和妻子莉蓮決定坐火車到紐約。

在動身之前，烏布告訴迪士尼情況可能不妙。發行人每次到製片廠來，並不是單純地拿電影和海報，可能還有其他方面的企圖，因為他曾多次祕密地和製片廠內其他的卡通繪製員談話。

迪士尼當時並未太在意烏布的話，仍然快樂地去了紐約。

迪士尼在和發行人談判的時候，終於證實了烏布的警告，許多畫家已經被發行人給收買了。於是，他急忙打給洛伊詢問。

接到弟弟的通報，洛伊半天說不出話來：「這種事，你讓我去問誰呢？誰能告訴我呢？」

迪士尼立即建議：「去問烏布，他一定知道情況！」

洛伊那邊很快傳回消息，除烏布和其他兩人外，製片廠裡大部分畫家都和發行人有約定，準備脫離迪士尼的製片廠。

迪士尼一方面設法拖延發行人給他的期限，一方面找一位編輯做盟友。這位商業報紙的編輯安排迪士尼與另外兩個公司的負責人洽談，但這兩家公司都表示沒有興趣發行奧斯華電影。

正在這時候，發行人又打出了一張牌，根據合約，奧斯華電影是環球電影公司的財產，而非迪士尼的。

迪士尼傷心透了，他所創造出來的有價值的東西卻不歸他所有，當迪士尼把這件事告訴莉蓮時，他發誓再也不為別人做事了。

現在，發行人手中有兩張王牌，一張是占有《幸運兔奧斯華》電影的所有權；再一張就是釜底抽薪，挖走所有畫家，讓迪士尼陷入癱瘓。

發行人又故技重施提出他支付每部電影的製作費用，提供製片廠人員的薪水，以及分享 50% 的利潤。

迪士尼根本不想接受這項建議，但他要求給他一點時間考慮。因為迪士尼想利用時間來說服環球公司的負責人出面干涉

這件事。他請求他們給公司一次機會，但環球公司最後還是站在發行人那邊。

最後，他們只能承認失敗。迪士尼傷心透了，他最後一次到發行人的辦公室，出乎意料，迪士尼沒有表現出一絲怨恨。他只是告訴發行人：「你要小心一點，我的員工既然會背叛我，他們也會背叛你的。」

沉浸在勝利之中的發行人根本沒想過奧斯華會從他手裡被奪走，但後來事實確實如此。

米奇的誕生

1928 年 3 月，迪士尼回到了洛杉磯。

洛伊聽說弟弟和發行人的事，大吃一驚，埋怨說：「華特，你意氣用事，把事情全都弄糟了！現在我們沒有了奧斯華，沒有了畫家，沒有投資和發行，可以說什麼都沒有了。」

迪士尼卻胸有成竹地說：「我們要製作一套新的電影。」

3 月的最後一個星期，迪士尼回到製片廠，裡面冷冷清清，了無生氣。這時大多數和發行人簽約的卡通畫家已經得知迪士尼和發行人之間的事，因而認定他們在這個製片廠的日子已是

屈指可數了。

　　迪士尼強迫這些不忠的卡通畫家們不停歇地工作。他懷疑他們已經接受了發行人的任務，刺探他的情報。他絕對不能讓他的下一部動畫主角再次失竊。所以當這些畫家在攝影棚悶悶地作畫時，迪士尼正和烏布祕密地設計一部以老鼠為主角的新電影。

　　迪士尼的第一個草圖已讓烏布看過，他的第一個評語是這隻小老鼠太像迪士尼了，只缺少聲音。

　　迪士尼承認他偶爾以自己在鏡中的臉為模型，許多表情便是他自己的，而這個角色的原型是一隻老鼠。

　　他說牠常常爬過他的書桌，他就餵牠一點乳酪。他特別喜歡牠，認為牠很頑皮。牠會在他的指縫中吃光乳酪，然後蜷成一團在他的手心裡安穩睡去。牠常常耽誤他工作，那正是迪士尼最艱難的時候。

　　他對烏布和洛伊說有一陣兒他連老鼠也餵不起，他怕他養成了牠愛吃乳酪的習慣後會不顧死活的去偷吃樓下捕鼠夾上的誘餌，所以有一天把牠帶到森林裡放了。

　　迪士尼又說他很希望牠得救，他給牠取名莫迪默（Mortimer Mouse）。但是烏布和洛伊都同意莉蓮的看法，認為莫迪默太女性化了。他們喜歡她取的名字：米奇（Mickey Mouse）。這個名

字他們都喜歡。

當時的報紙上到處都是查爾斯・林白（Charles Augustus Lindbergh）的事蹟。他首次單人飛越大西洋而被視為民族英雄。兩人不約而同地想借此發揮一下，他們立即根據林白的故事構思了一個大綱，然後烏布就鎖上房門著手繪製。若有人敲門他就把新繪圖紙藏起來，在上面放上奧斯華的畫。

烏布以驚人的速度繪製這部新的卡通，每天繪製 700 張，打破了原來 600 張的紀錄。烏布的這部新卡通叫《飛機迷》（*Plane Crazy*）。烏布永遠是一個能工巧匠，由於知道這部新的電影至關重要，所以，他在這第一部卡通的製作上表現得極為傑出。

這部電影的其他的製作過程，在製片廠內是很難不被發現的，因此迪士尼把他的車庫改成了臨時繪製廠。由莉蓮、埃德娜和迪士尼的嫂嫂負責上色工作。

到了夜裡，迪士尼就把畫好的東西拿到製片廠去，由一位忠心的員工拍攝。他們趕在第二天早晨其他員工來之前，把有關《飛機迷》的東西都移走，這部卡通就這樣完成了。

1928 年 5 月 10 日，該片在好萊塢日落大道電影院試映。試演雖未引起轟動，但反應也不錯。迪士尼信心大增，立即開始製作第二部《飛奔的高卓人》（*The Gallopin' Gaucho*）。

這時，那些「叛徒」已經離開，因此迪士尼可以放心地製作自己的新電影。這時製片廠又僱用了一位新人。他剛來第一個星期，看到那些卡通繪製人員一面工作一面談笑。但到了星期六，他們把椅子和其他私人物品都帶走了。

他想這真是一群奇怪的傢伙，他們儘管彼此說笑打鬧，卻不相信對方。等到星期一，他發現只有幾個人來上班，這才明白了原因，接下來的工作就沒必要再偷偷摸摸了。

迪士尼用最後的資金又拍了兩部米奇短片。在第二部《飛奔的高卓人》中，米奇是一個勇敢的騎手。第三部叫作《汽船威利號》，米奇又成了一個船員。

剩下的事情就是把電影賣出去。可是，迪士尼馬上就發現，要把米奇推向市場並不是一件容易的事情。以往迪士尼製片廠的動畫都是由發行人負責發行，現在和發行人鬧翻了，迪士尼急需找到新發行人。可是，電影發行商們對米奇反應冷淡，這是迪士尼沒有想到的。

米奇畢竟是一個陌生的角色，發行商對觀眾能否接納牠還不能確定。而且，電影的製作成本太高，發行商擔心無錢可賺。另外，當時恰恰是有聲電影開始的年代，雖然有關技術尚在摸索，但製片商害怕無聲的動畫不受觀眾的歡迎。

「那麼，讓我們配上音樂就好啦！」迪士尼說。

「什麼？你瘋了嗎？」洛伊喊道，「那要花好多錢的，我們現在的日子並不好過。」

「花錢怕什麼！」迪士尼在動畫上一向不怕花錢，「只要電影拍得好，有人要看，錢還會回來的。我們為什麼要為一點點錢而前功盡棄呢？」

「可是還是要我想辦法！」洛伊抱怨著。他負責財務，雖然滿心不願意，但他總能想辦法滿足弟弟的需求。

1928 年 9 月，迪士尼到達紐約。他到處尋找錄音裝置。大公司因為太忙，顧不上他這位小卡通製作人。好不容易找到了一家願為他錄音的公司，但因要價太高只好放棄。迪士尼迫不得已只能繼續尋找，在和紐約影壇接觸後，迪士尼更加深信將來必定是有聲電影的天下。

給迪士尼印象最深刻的錄音商是帕特・鮑爾斯（Pat Powers），他擁有一組獨立錄音系統。直至後來，迪士尼才知道鮑爾斯是紐約市的大騙子之一，他也是根據別人的專利品裝出來的。

第一次錄音是在 1928 年一個初秋的早上，什麼都不對勁，最後錄得一塌糊塗。

迪士尼急於向哥哥隱瞞實情，不想要他再寄錢來，可是在鮑爾斯的糊弄下又不得不再次向哥哥借錢。

洛伊只好賣掉弟弟的汽車，迪士尼知道後驚呆了，那畢竟是他的心愛之物，一想到它現在已落入他人手中就使他難以忍受，失去汽車使他下定決心要少花一點錢在錄音上。

第二次錄音雙方配合得很好，在一場緊張而疲憊的演奏結束後，終於把《汽船威利號》全部配完音。這次一切都合乎他的要求。當他看完整個電影後，當初的疑慮全都煙消雲散，這時的迪士尼所要做的就是如何把這部電影賣掉。

迪士尼按照鮑爾斯的安排，帶著這部卡通一家一家公司去放映，但結果都一樣。儘管他們的滑稽動作引得公司的負責人們哈哈大笑，但當迪士尼詢問負責人意願時，他們不是說會打電話聯絡，就是說會與鮑爾斯聯絡，總之就是沒有一家公司願意買下。

後來演藝界有人在試演室看過《汽船威利號》，認為一定會成功。他說他願意在他的戲院放映這部卡通。

1928 年 11 月 18 日，《汽船威利號》在戲院上演，轟動的情形正如所預料的那樣。儘管海報上所列的是有聲電影及樂隊的現場表演，但觀眾在離開戲院後卻只談論海報上列為第一部有音效卡通的《汽船威利號》。

訂片人紛紛前來，迪士尼也在一夜之間成了名人。

苦盡甘來，華特・迪士尼的大作終於得到社會的承認。這樣一來，所有的租片商和全美國的各大電影院幾乎無一例外派

代表到迪士尼在紐約的住處洽談，希望提供資金並與他合作。

　　具有諷刺意味的是，以前的發行人也出現了，他厚顏無恥地對迪士尼說：「加入我們吧！我們提供攝影棚，給你需要的一切支援。只要你把米奇轉交給環球公司，利潤可以從優。我們甚至還可以把那些動畫畫家還給你，他們一直在等著回去為你工作。」

　　迪士尼忍不住說：「就算他們跪著來求我，我也不要。」米奇是他迪士尼的孩子，只屬於他一個人，任何人別想插手。

　　事後，鮑爾斯對迪士尼說：「做得好，華特，我很高興你拒絕他們，這表明你是獨立的。只能這樣對付那些流氓！」

　　緊接著，這個騙子也給迪士尼一個「真正的建議」，他塞給迪士尼一張 3,000 美元的支票，提出讓他來當米奇的代理發行人。

受騙

　　在迪士尼和鮑爾斯的合約中，有一個條件是以後拍動畫，必須租用鮑爾斯的音響裝置。

　　迪士尼回到洛杉磯。

洛伊已經知道弟弟在紐約簽了合約，他急於要看合約。

「騙子！騙子！」洛伊邊看合約邊大喊，「華特，你是不是太輕率了？怎麼能簽訂這樣一份合約呢？」

洛伊最不能同意的是這條：迪士尼同意連續使用裝置10年，每年要付 26,000 美元。洛伊認為，10 年之內，錄音技術將發展到何種程度誰能預料？也許幾年之後，錄音將變得非常廉價，而迪士尼製片廠將不得不揹著鮑爾斯這個大包袱 10 年。

洛伊說，他雖遠離紐約，卻也聽說了鮑爾斯的許多傳聞。據說此人是個騙子，洛伊追問迪士尼道：「你在紐約難道就什麼都沒聽到嗎？」

迪士尼十分不滿，認為哥哥過於挑剔，是因為簽訂合約之前沒有徵求他的意見，所以故意報復。

「我不管別人怎麼說，重要的是我見過他本人。」迪士尼氣憤地說，「鮑爾斯是我遇見的最好、最誠實的人！」

洛伊聳聳肩膀，弟弟的固執使他毫無辦法，況且合約既已簽訂，也無法推翻了。

迪士尼製片廠終於又走上了正軌，新僱用的畫家們已經開始工作。米奇系列電影一部接一部地拍出來，迪士尼現在是名人了，電影的銷量也很不錯。外界以為迪士尼製片廠一定是財源不斷，而事實上資金的缺乏一直困擾著迪士尼兄弟，每拍一

部電影，收回的資金恰好只夠拍下一部電影。

「怎麼回事？」洛伊感到事情不妙，「米奇一部接一部地拍，觀眾也很踴躍，鮑爾斯為什麼不付錢給我們？」

一開始，迪士尼還替鮑爾斯辯解：「不要著急，鮑爾斯不會騙我們的，你不知道他是一個多麼誠實的人。」

可是一個星期又一個星期過去了，紐約仍然沒有匯來支票。洛伊忍不住了，對弟弟說：「華特，你不要再固執了，我們必須正視這種情況。據我所知，人們都排著長隊要看米奇，而我們卻根本沒拿到錢，這難道是正常的嗎？你怎麼就那麼相信鮑爾斯？」

迪士尼也無話可說了。

「我必須親自到紐約去一趟。」洛伊氣憤地說。

可是幾天以後，洛伊垂頭喪氣地回來了。鮑爾斯對他雖然很客氣，卻堅決不讓他看到帳簿，只說他自己也沒有賺到錢，因為廣告的開銷太大。日子雖然依然拮据，但電影還得照常拍攝。洛伊勉強維持著局面，使有限的資金運轉起來。

迪士尼雖然不說什麼，心中的不滿也是與日俱增。因為一部又一部的米奇電影並不賺錢，他想拍點米奇以外的動畫。

這部新的系列電影名叫《糊塗交響曲》（*Silly Symphony*），第一部電影名為《骷髏舞》（*The Skeleton Dance*），表現一群鬼魂

半夜從墳墓裡爬出來嬉戲作樂，配以音樂，格外新穎別緻。洛伊反對拍米奇以外的系列片。迪士尼並不作什麼解釋，他知道是自己上了鮑爾斯的當，就只好儘量少拍米奇，以此來抵制鮑爾斯。

當洛伊再次去紐約討債時，把剛剛拍成的《骷髏舞》帶去。鮑爾斯看了電影，大為惱火。根據合約，他只能發行米奇系列電影，米奇以外的電影他無權染指。他心裡很明白，迪士尼這麼做完全是衝著他來的。

「華特這是要幹什麼？他想毀掉米奇嗎？這等於毀掉我們大家！」鮑爾斯氣呼呼地對洛伊說，「請回去告訴你的弟弟，我們討厭《骷髏舞》。這算什麼名字啊！光這個名字就會把觀眾嚇跑。告訴他，我們只要老鼠！要更多的老鼠！」

迪士尼不再按照鮑爾斯的意願行事，他堅持要繼續拍《骷髏舞》。結果這部電影第一次試映就大受歡迎，全美國的電影發行商們紛紛訂片。這使鮑爾斯十分被動，只好打電話來表示祝賀。

電話是洛伊接的，說：「連你都為《骷髏舞》叫好，那麼就不會有什麼人說不好了。」

洛伊一直在設法調查米奇的票房情況，最後的結果令他大吃一驚。據粗略統計，鮑爾斯至少使迪士尼製片廠蒙受 15 萬美元的損失。

他對弟弟說：「華特，你現在還能信任鮑爾斯嗎？」

迪士尼也覺得忍無可忍，決定親自到紐約去和鮑爾斯交涉。在鮑爾斯的辦公室裡，他們終於又見面了，只是沒有了一年多以前的那種信任與和諧的氣氛。迪士尼按照哥哥的叮囑，堅決要求檢視鮑爾斯的帳簿。

鮑爾斯一副委屈的姿態，他說：「你是在懷疑我嗎？我親愛的孩子，你知道我為你們做了多少事情嗎？度過了多少個不眠之夜嗎？到頭來你們卻是這樣報答我！」

迪士尼和氣地說：「我不想懷疑您。我只想看一下帳簿，這樣可以證明您的清白，您何樂而不為呢？」

談判最終陷入了僵局。鮑爾斯只好打出最後的一張王牌，他忽然問道：「我們先談一談別的事情好嗎？聽說有一位出色的動畫畫家，他叫作烏布吧？」

迪士尼奇怪地回答：「是的。可是我不他和我們今天的談話有什麼關係。」

「嗯，會讓你明白的。」鮑爾斯不動聲色地說，「據我所知，『米奇』和『糊塗交響曲』實際都是烏布畫的，對不對？」

「對。」迪士尼說，「可是您究竟要幹什麼？」

「好吧，讓我告訴你。」鮑爾斯露出一副無賴的面孔，說道，「我知道你離不開烏布，沒有他你就完了。華特，你必須和

我合作，不然你就會失去烏布。想想看吧，這將會是一個什麼樣的結局！」

「我不信。」迪士尼說，「烏布決不會背叛我。」

「你是不是太相信友誼了！」鮑爾斯冷笑著，「那麼，你看看這個吧！」

這是鮑爾斯派駐在洛杉磯的代表發回的電報。電報上說，烏布已於昨日同意脫離迪士尼製片廠，並簽訂了一份為期 5 年的合約，創作一部新的動畫系列片，他的每週薪資為 300 美元。

迪士尼渾身顫抖，但還是一口咬定：「不，不對，這是假的！烏布不會做出這樣的事情。」

「那麼，你打給你哥哥吧！」鮑爾斯建議道，「我想他已經得到消息了。」

鮑爾斯看出迪士尼在顫抖，便又換了一副溫和的面孔，說道：「華特，其實你不必為這事情傷腦筋，只要你繼續和我保持合作關係，那麼你就不會失去烏布。說實在的，我喜歡你。」

可他說的這些話，迪士尼再也聽不進去了。當天晚上，迪士尼和哥哥取得了聯絡。洛伊證實說，烏布已經提出辭職，理由是和迪士尼的關係不好，離開的還有一名作曲家。

「鮑爾斯說的是真的。」迪士尼幾乎被這個壞消息擊倒，他沒想到烏布居然也會背叛他。看起來，鮑爾斯早就想好這一招

了，他知道早晚會和迪士尼鬧翻的，所以就把迪士尼製片廠的畫家先抓在手裡，這和當年發行人的做法如出一轍。

「烏布，你不應該呀……」

放下電話，迪士尼落下眼淚，但湧上心頭的卻是痛心，而不是恨，畢竟是多年的朋友啊！他甚至覺得有些對不起烏布。烏布說的「關係不好」並不是假話，前一段時間由於心情不好，他對烏布的態度很差，還發了脾氣，可他沒想到事情會鬧到這一步。

「我完了！我被這個混蛋鮑爾斯算計了！」他躺在床上痛苦地想，「為什麼我總是上當呢？離開軍隊十多年了，為什麼還是被別人耍來耍去呢？」

如果繼續合作，就可以保住烏布，但迪士尼實在沒辦法繼續了，即使失去烏布也要和鮑爾斯一刀兩斷。

當然，鮑爾斯欠下的那筆錢是別想要回來了，如果打官司，其花費將遠遠超過 15 萬美元。鮑爾斯也正是看準了這一點，所以才有恃無恐。

迪士尼找一個律師和他去紐約，準備和鮑爾斯攤牌。鮑爾斯威脅他要是不續簽合約，他就會失去烏布，迪士尼還是不相信這件事。

最後，迪士尼製片廠付給大騙子 50,000 美元，以贖回他以

前掌握的發行權，錢是借來的。迪士尼覺得花 50,000 美元與這樣一個人絕交還是值得的。

1930 年 2 月 7 日，迪士尼從紐約電告洛伊：與鮑爾斯分道揚鑣，暫停米奇的拍攝，集中拍攝《糊塗交響曲》以供哥倫比亞公司。

迪士尼回到加州，希望從此再也不為錢而煩惱，但天不從人願。因為這時的他雖然名聲很大，但他對卡通的要求卻使得拍片成本大大提高，以致債務不停增加。

再加上一些工作人員的水準不高，迪士尼為此傷心沮喪。這種全力工作追求完美的個性最終使他精神瀕臨崩潰的邊緣，晚上老是睡不著。

有一天妻子走進臥室，發現丈夫昏了過去。她叫來醫生。

迪士尼生病的新聞轟動好萊塢後，電報雪片般飛來。其中有一份迪士尼一直收著，那是烏布發來的，只有短短的一句話：「請保重。」

洛伊罵道：「這個無賴，虛情假意！」

迪士尼卻說：「不，他是真心的。」

後來在醫生的建議下，迪士尼和莉蓮開始長途旅行。

此後，迪士尼一直遵照醫囑經常定期活動，每週到運動兩三次，游泳、打網球，身體這才逐漸好了起來。

努力獲得的成功

1920 年代末，資本主義世界爆發了全球性的經濟危機，造成了大批工人失業和工廠倒閉。這對於一直在困境中苦苦掙扎的迪士尼製片廠來說，無異於雪上加霜。

迪士尼後來認為，他 1931 年的精神崩潰根源仍是對迪士尼製片廠的前途憂慮過度。迪士尼製片廠的財務狀況確實是他們的心病，在他們新簽訂的合約中，他們仍未賺到足夠的錢以支付他們的支出。

新的卡通畫家必須從紐約來，頂替烏布的位置，他至少可以做 3 個人的工作。這些人必須很厲害，當然薪水也比一般人高。

在烏布離開和迪士尼生病之後，迪士尼對工作人員的方式和態度已大為改變。他不再是那個隨和的老闆了。他原先愛和周圍的畫家說笑。

現在他的笑容漸漸消失了，人也變得越來越嚴肅了，也許是年紀大了，也許是更煩惱了，抑或是傷心的緣故。

迪士尼常常把標準定得很高，對卡通畫家要求很嚴格，這讓新電影的品質有了提升。

當然，要是品質提高了，每部的花費也就相對地變高了。

雖說卡通業現在比以前更火紅、更受歡迎，而且華特‧迪士尼的大名無人不知無人不曉，可是製片廠的收益卻始終趕不上開支，尤其是當時迪士尼還欠著他的發行人和貸款者錢。

1931 年的迪士尼差一點就要累垮了，他們拍攝每部電影花的錢都比他們想賺得多。起初他們還能挺住，慢慢地迪士尼感到有點吃不消了，他開始失眠，情緒也變得脆弱。

但是，擔心財務狀況並不是他過度緊張的真實原因。迪士尼把錢的事完全交給了洛伊。迪士尼把手上的錢都投入他的卡通業上。他們的錢越多，花在電影上的錢也就越多。即使沒有收益，迪士尼也敢花錢，直至洛伊勸阻為止。

1932 年，迪士尼和莉蓮出門遊玩。但是由於美國經濟蕭條，觀光客船因客人少而取消了航線。在莉蓮的建議下兩人改道去了首都華盛頓。在那裡看了幾天名勝後，迪士尼的精神有了明顯好轉。

迪士尼人未到首都，米奇之父的大名已先到達，在飯店，公關部經理毛遂自薦願意為他們提供一切。

這次旅行持續了兩個月，等到他們返回洛杉磯時，迪士尼已經恢復了開朗、樂觀的原狀。

當迪士尼同鮑爾斯一刀兩斷之後，好萊塢的哥倫比亞電影公司立即抓住時機，付了 50,000 美元的贖金，於是就把迪士尼

製片廠牢牢地抓在手裡。

　　在合作的兩年裡，迪士尼製片廠的財務狀況一直沒有起色。每一部動畫電影經哥倫比亞公司發行之後，首先要抽取30%的佣金，然後再扣除沖洗費、保險費、廣告費以及 7,000 美元的預付款，剩下的錢還要由兩家平分，對迪士尼兄弟來說就所剩無幾了。

　　就在迪士尼此行之前，洛伊已告訴弟弟他們斷絕了和哥倫比亞公司的關係，正在尋找一家新的製片廠。因為哥倫比亞公司不願意把原來的援助增加一倍，洛伊只好另求更慷慨的製片廠，這就是聯藝電影公司（United Artists Corporation）。

　　迪士尼聞訊十分高興，因為聯藝電影公司是他喜歡的喜劇演員卓別林的大本營。而卓別林是眾所周知的米奇的愛好者。

　　聯藝電影公司答應每部電影支付 15,000 美元的資助，並簽下了 12 部一套的電影，但聯藝電影公司要求盡快拍攝，好早點放映他們收到的第一部迪士尼電影。

　　當時，迪士尼正處在精神危機的關頭，坐下來卻毫無靈感。最後勉強畫出個草圖，命名為《花與樹》（*Flowers and Trees*）。迪士尼把草圖交給卡通畫家，添上稚菊搖曳，橡樹在風中擺動，小鳥在樹間啁啾。

　　當迪士尼回來後，《花與樹》已拍完正準備交給新的發行

人。他看後覺得拍得太差,缺少過去電影的獨特性。他的本意是立即扔掉重拍,這可嚇壞了洛伊。但在莉蓮告訴他她懷孕之後,他高興極了,又出了一個新主意,也是一個更花錢的主意。

就在這時,彩色電影技術誕生了,擁有這項技術專利的公司邀請迪士尼前往參觀,使他興奮不已。給動畫染上顏色是他多年的夢想,現在終於可以變為現實了。

他鄭重宣布:「《花與樹》必須重拍,而且一定要拍成彩色的!」

洛伊則指出用彩色重拍《花與樹》會比原先的預算增加2/3,他提醒弟弟如果新增色彩的話,這增加的花費會毀了公司。但迪士尼並不在意哥哥的這番話。

電影拍到一半時,莉蓮看到了未完成的樣品,她對丈夫說道:「太美了,像詩,像畫。我相信以前從來沒有人見過這麼好的電影。」

在得到莉蓮的好評後,迪士尼把《花與樹》的樣品放給格勞曼(Sidney Patrick Grauman)看。格勞曼擔保這部電影會大獲成功,就訂購了一部。

結果,《花與樹》從評論界受到的歡迎比舊片熱烈得多。但這也意味著他們今後必須全拍彩色電影。這將大大超出他們的預算規模。但製片廠的收益仍大於投入,因為舊片加彩後效果

強烈，常常使得放映週期超過一個多月，比以往的一部黑白片僅放映一週要好。同時，電影租金也倍數增加。

1932 年 11 月，《花與樹》為迪士尼贏來一項奧斯卡最佳動畫獎。當天晚上，迪士尼的同行們為他創造出米奇再給他一份特別獎。從此，迪士尼的成就得到了政府的承認。

在迪士尼第二天收到的千萬封賀信中，有一封令他感到意外，那是烏布發來的。迪士尼像上次一樣，唯獨留下了這一份。

《三隻小豬》的創作

1931 年時，人們對米奇的狂熱也給迪士尼帶來了滾滾財源。

迪士尼在 1929 年下半年去紐約和鮑爾斯談判時才第一次知道卡通可以給他帶來一筆額外收益。當時有一個人到旅館找到他，拿出 300 美元要求迪士尼准許他把米奇的畫像印在桌上，後來這種要求越來越多。

1930 年 2 月 3 日，洛伊簽下了第一張這一類的合約，授予紐約一家公司特權准許該公司製造及出售有米奇和米奇畫像的物品。當這類物品售價在 0~5 美元以下時迪士尼公司就收 2.5% 的版稅，如售價超過 0~5 美元則收 5% 的版稅。後來這項權利轉到瑞士一家工廠，製造出印有米奇的手帕。

1932 年，一位廣告商向迪士尼建議賣迪士尼卡通角色相關的商品並提高商品的品質。

　　迪士尼認為這個建議不錯，與該商人簽約，由商人代表公司處理這方面的事務。第一筆生意就是准許一家食品公司生產1,000 萬隻米奇冰淇淋筒。

　　米奇圖案似乎還真具有起死回生的特殊功能。如原來製造玩具火車的一家公司受到經濟危機的衝擊本已向法院申請破產，後來因製造帶有軌道的米奇火車，在 4 個月之內售出 25 萬部，倖免於難。

　　那麼，米奇為何會如此受人歡迎呢？迪士尼認為米奇是一個好人，他常身陷困境到最後卻總能化險為夷而且笑容不變。他又說米奇的個性源於卓別林，他們想讓一隻老鼠雖然小卻具有小人物盡力而為的精神。

　　但是，迪士尼認為這米奇實際上更像自己，尤其是那獨一無二的聲音，是其他人誰也學不來的。此外，米奇也有迪士尼的冒險精神、正直誠實、缺乏世故及要勝過他人的童稚野心。

　　米奇的成功也使迪士尼製片廠逐步走出困境並嘗到甜頭。1930 年建了新的辦公室，迪士尼的辦公室也變得更加漂亮了。

　　與此同時，製片廠內的人員也迅速增多，紐約許多資歷深厚的卡通畫家都加入了迪士尼的陣容之中。迪士尼的卡通製作

品質也隨之有了更進一步的飛躍。在卡通角色方面除了米尼和米奇之外，布魯托、賀瑞斯馬也都成了有名的角色。

儘管迪士尼還不滿 30 歲，但他已在卡通這一行中 12 年之久。在迪士尼的工作人員中，有的在紐約卡通行業中待得比他更久，年齡也比他大，不過大家都非常尊敬迪士尼，以他為老闆。

迪士尼也有知人善任的長處。在迪士尼的領導下，工作人員有的成為傑出的卡通畫家，有的則發揮了訓練新人的專長，而且結交了很多朋友。

此後不久，莉蓮說她懷孕了。

迪士尼公開表示對自己要當父親感到非常高興，他對朋友們說他很希望莉蓮生個男孩。隨著莉蓮的產期臨近，迪士尼增加了飲酒量，他的慢性咳嗽加劇了，菸也增加到每天 3 包。

此外，他還會連續幾週失眠，他像著了迷似的每個小時都要洗手，甚至一個小時要洗好幾次。

與迪士尼相反的是，莉蓮一想到要當母親就興高采烈。

幾個月後莉蓮肚子開始變大，這使迪士尼十分高興。「我要做爸爸了。」他想，「我一定要拍一部動畫，獻給莉蓮和孩子！」

急於恢復拍攝電影工作，他的首要目標之一是改進米奇的形體特徵及動作。米奇原先的設計是用圓圈和管形的圖形結合起來的。

迪士尼決定幫米奇換一個新形象，其相貌好像一個新生嬰兒 —— 大頭圓肚子、小手小腳，深沉又不失天真的基本特性。米奇的臉更具表情，尤其是眼睛更有神采，動作也更加複雜。迪士尼還想改變米奇的性格，自作聰明的態度被更為合理的幼稚所取代，舉止更加文雅、彬彬有禮，不再那麼咄咄逼人了。

迪士尼大概就是想使米奇變得和原來不一樣，獲得五彩斑瀾的新生。

這樣的改動很多，並會在迪士尼那些著名角色的身上重複體現，其實反映的是他自己生活的變化：從一個過著簡樸生活的無名的、受虐待的窮孩子，變成一個全世界都愛戴的、著名的、有獨創性的動畫製作者。

迪士尼為了尋找新的靈感，常常說，他吃飯、睡覺甚至呼吸都想到動畫。

有一件事可以表現出這句話的含意。一天晚上，他在凌晨兩點多鐘醒來，下了床，走到床邊的小桌旁，很潦草地寫下了「三隻小豬」。

格林童話中有三隻小豬的故事，牠們的性格是透過牠們蓋房子的方法來表現的。兩頭小豬用的是容易處理、費時不多、輕而薄的材料，第三隻小豬則很費力地用磚塊蓋起了房子。

有一隻狼來了，牠把前兩座房子都撞破了，但卻撞不開第

三座房子的門。這也是迪士尼的母親在他小時候給他講的一個
故事。

　　情節第一次作為迪士尼電影中的一個重要因素。由於「三隻
小豬」的故事基本上是以敘述為主，最終決定牠們命運的還是構
成牠性格的因素，而不是牠選來蓋房子的材料。所以迪士尼意
識到必須找到一種確實能表現美德的方法。他不想用三個相同
的角色來加強戲劇效果，而是用三種個性來加深牠的意義。《三
隻小豬》表明迪士尼的動畫有了感情的色彩。

　　《三隻小豬》的卡通在迪士尼心中其實早已形成很久了。
在烏布離開之前，迪士尼曾和他談過構思，但卻一直未付諸實
踐。他們解決不了一個問題，那就是在一部黑白片中，餓狼與
豬相逢似乎太殘酷了。狼顯得太惡，而豬則太老實，任惡狼宰
割。他們都覺得故事的陰暗會使觀眾不喜歡。

　　要是加上彩色呢？迪士尼按他記憶中的農場中的「波克」的
顏色，畫了張彩色草圖，附上一個概要，劇本開始傳閱，徵求
意見和構思。

　　一位畫家立刻來到迪士尼的辦公室，隨手畫了幾幅漂亮的
狼。狼嘴裡流著口水，而且兇狠，但畫家卻以其不同常人的幽
默、機敏、靈巧之筆把牠變成了某類可笑的惡棍，看了發笑而
非害怕。

畫三隻小豬的是最年輕的員工。他是一個自學成才的藝術家，喜歡隨便塗畫，他畫出的小豬表現得如此富有人情味，迪士尼一眼就相中了他的畫。

《三隻小豬》的拍攝是在迪士尼的指導下進行的。有人提議要配上音樂和歌曲，迪士尼高興地同意了。

迪士尼製片廠拍一部動畫一般要用 3 個月的時間，而《三隻小豬》的拍攝只用了兩個多月的時間。

《三隻小豬》於 1933 年 5 月公映，觀眾反映不冷不熱，這使得迪士尼大失所望。

「不要聽他們的。」洛伊鼓勵著迪士尼。

於是，電影拿到了紐約，結果觀眾反映強烈，人們口口相傳，《三隻小豬》在一夜之間走紅了。

《三隻小豬》終於成為 1930 年代最受歡迎和最賺錢的卡通，一演就是幾個月。這也給了三位才子施展才能的機會。兩位卡通畫家成為好萊塢的名人，雖然他們在片頭榜上默默無名，一直不被大眾所知。

1935 年他第一次畫出了彩色的米奇。

1933 年 12 月 18 日，莉蓮生下了一個女兒，迪士尼為她取名為黛安娜‧瑪麗‧迪士尼（Diane Marie Disney）。

一週後即聖誕節那天，迪士尼在家中給莉蓮看自己的電影

《三隻小豬》。

迪士尼非常疼愛孩子，為了紀念寶貝女兒的誕生，在以後每一年女兒的生日這天，和他合作的電影廳都會免費為孩子們播放迪士尼的電影。

《三隻小豬》的空前成功使卡通事業及迪士尼都向前跨出了一大步。全國的劇院都把這部片列為保留節目，每次必演。

聯美公司要求他們繼續製作關於小豬的電影。洛伊不顧迪士尼的反對，答應了聯美公司的要求，又製作了幾部，但都不如《三隻小豬》轟動。

對此，迪士尼風趣地對洛伊說：「你不可能用一頭豬去戰勝另一頭豬。」

《白雪公主》的誕生

就在《三隻小豬》走紅的第二年，迪士尼創造的另一個動畫明星唐老鴨（Donald Duck）誕生了。這一年是 1934 年，正式上映的時間是 6 月 9 日。

這一天，唐老鴨作為米奇的配角第一次出現在一部名叫《聰明的小母雞》（*The Wise Little Hen*）的卡通中。

故事講述米奇的朋友一隻小母雞到處找人幫忙種田,但每次找到唐老鴨,牠總推託說:「誰?我?啊,不,我肚子痛。」這也是唐老鴨開口講的第一句話。

但此時的唐老鴨尚未顯露個性,而且也未坐上主角的位子。直到 1935 年卡爾‧巴克斯 (Carl Barks) 加入迪士尼公司,為唐老鴨量身定做了第一部以牠為主角的卡通短劇,終於使唐老鴨一舉成名,登上了迪士尼卡通世界的「主角」位子,並從 1937 年起,牠在報刊上開始擁有專利漫畫欄。

儘管唐老鴨的原創者是屬於迪士尼的,但是畫家卡爾‧巴克斯改進了唐老鴨的形象,使其身體變得肥大,嘴巴變短,鮮活的個性更加突出。而自巴克斯接手唐老鴨故事創作後,唐老鴨才被塑造成脾氣古怪而帶點神經質、有著完整的家族和生活、生活平凡卻不乏精彩的卡通人物,成為人見人愛、家喻戶曉、具有世界聲譽的「大眾情人」。因而,人們將「唐老鴨之父」的美譽給了卡爾‧巴克斯。

同時,唐老鴨又是迪士尼公司最著名的人物之一。他有一副熱心腸,並且總是充滿好意,而實際上他卻總是非常急躁,愛發脾氣,當然他的運氣也不怎麼樣。他脾氣火暴,好與人爭執,喜歡誇大事實,經常抱怨生活中的小事和不如意的地方。而正是因為這種性格,注定了他的生活中各方面總是不順。他是個失敗者,卻不是個懦夫,因為他總是在努力抗爭。

不過，正是因為唐老鴨的這一種人性的真實體現，而有別於完美的米奇，使他的定位非常獨特，也讓他成為非常流行的人物。

後來，隨著唐老鴨人物的塑造成功，他的女友黛絲（Daisy Duck）和三個外甥等也陸續登場，並獲得了人們的喜愛。不過，這些都是 1937 年以後的事了。

在 1934 年初，唐老鴨人物創作前，當時美國經濟不景氣，電影院被迫一場放映兩部電影。這樣一來，影院放映卡通短片的時間就少了。儘管迪士尼又創造了一批惹人喜愛的卡通形象，深受觀眾喜愛，甚至比長片更能吸引觀眾。但由於缺少放映機會，再加上製作成本也不斷提高，這對迪士尼公司來說無疑是雪上加霜。

最後，到了 1937 年末，經過近 4 年艱苦嘗試、試驗以及在藝術和資金方面的危機後，電影似乎已接近尾聲。同時，迪士尼最初與藝術家聯合會達成的發行協議也快到期了。

為了繼續做好安排，藝術家聯合會通知迪士尼說，他們希望他簽約讓出今後由電視放映他的全部作品的權利。雖然當時迪士尼對電視一無所知，甚至從未聽說過，但他堅持他長期固守的立場：保有他所有作品的版權。

因為無法達成協議，迪士尼與藝術家聯合會的關係就中止

了。隨後，迪士尼就接受了其他製片廠提出的條件，包括提高所有短片的預付金，並保證不必預看樣品，發行《白雪公主》。

雖然這家公司名聲欠佳，是大製片廠中管理最差的，迪士尼還是和他們成交了，因為他別無選擇。不過，失去了藝術家聯合會的資金支援，對《白雪公主》的拍攝工作是個威脅，由此，也影響了整個計畫。

要找一個新的發行商的壓力使迪士尼變得更加緊張，期間，洛伊出於對他弟弟更加嚴重的狀態的擔心，已從他第一次精神崩潰的情況中得到了啟發。他連續幾週時間試圖把迪士尼從製片廠日常的壓力下解脫出來。洛伊終於從《三隻小豬》在全世界連續獲得成功中找到了出路。當時這部電影在蘇聯國際電影節上獲得了三等獎。

果然，迪士尼得知獲獎的消息之後，精神為之一振，並且答應和全家人一起去歐洲旅行。

在歐洲各國，迪士尼所到之處都受到盛大歡迎，人們向他歡呼，好像他是皇帝似的。大家對他的奉承是減輕迪士尼神經緊張的有效緩衝劑。他菸也抽得少了，頭髮也不脫落了，他常給觀眾留下的那副彬彬有禮的笑容一下子又出現在他的臉上。

他們每到一地，迪士尼的名字都會以大寫字母出現在電影院門口的廣告欄上，以歡迎他的到來。

　　歐洲的新聞界宣稱，迪士尼是自卓別林以來最偉大的美國電影製片人。國際電影界、文學界、宗教界、科學界及政界的知名人士都期待著能有幸與他見面。

　　在英國，迪士尼與皇族一起用餐；在羅馬，他得到教皇的單獨會見；在巴黎，他被授予一個特殊的獎章，而迪士尼則是用米奇的聲音接受的。

　　3個月後，重新振作起來的迪士尼回到好萊塢，準備要他的工作人員努力完成《白雪公主》的拍攝工作。

　　《白雪公主》是第一部動畫長片。白雪公主和7個小矮人的故事是一個古老的民間傳說，講的是美麗的白雪公主遭到後母的忌妒，趁國王不在家，狠心的王后命令獵人把白雪公主帶到森林去殺掉，但獵人不忍心，告訴白雪公主逃往森林。

　　白雪公主在森林裡得到7個小矮人的救助，從此就和7個小矮人生活在一起。

　　可是，王后有魔鏡，她透過鏡子得知白雪公主沒有死，於是一再加害，終於奪去了白雪公主的性命。後來一位英俊的王子來到森林，見到死去的白雪公主，立即愛上了她。愛情的力量使他救活了白雪公主，兩人便結為伉儷。而兇殘的王后最終也受到應有的懲罰。

　　迪士尼覺得這個故事不僅有趣，還有抒情與浪漫的情調，

這一切都是一部好的動畫所必需的要素。

　　一天晚上，迪士尼在製片廠等著畫家們，他讓大家圍成一個半圓圈，然後，他按照自己的思路講出了白雪公主的故事。

　　迪士尼花了兩個小時來完成他的表演。當他演到故事的最後高潮，白雪公主被王子吻醒時，在場的畫家眼裡都滿是熱淚。

　　迪士尼宣布這就是他們的第一部卡通長片，並且馬上開始製作。儘管如此，但還是有不少人心存疑慮。因為他們從來也沒有拍攝過動畫長篇，而且拍攝這樣的長篇動畫，將耗費大量的資金，甚至會導致公司的倒閉。

　　至 1934 年下半年，迪士尼把原來的故事草擬成一個劇情大綱。白雪公主的外形是按一位 14 歲的女孩兒的模樣描繪的，王子則以一位 18 歲的男孩做模特兒。皇后是貴婦和大壞狼的混合體，她美麗而邪惡、成熟，曲線突出。當她調製毒藥時就露出她的猙獰面容，魔液使她變成了一個老巫婆。她的言行俗氣而誇大，有點荒謬感。

　　7 個小矮人各不相同，每個小矮人都有一個容易辨認又討人喜歡的特徵和個性。迪士尼發現要確定 7 個小矮人的形象很不容易。他於是按照他們的特點先定出名字來，列出了一張單子：「開心果」、「瞌睡蟲」、「萬事通」、「害羞鬼」、「愛生氣」、「噴嚏精」和「糊塗蛋」。在每個名字後面他又加上詳細闡述。

在拍攝《白雪公主》的過程中遇到一個技術問題。原來拍攝的動畫都是平面的，這在 8 分鐘的影片中還可以，而在 80 分鐘的長片中就顯得單調了。

迪士尼解決的辦法是「多平面攝影」，也就是設定好幾層畫面，利用攝影機的焦點去串通各層畫面，這樣就產生了和拍真人一樣的效果。後來這一技術為迪士尼贏來一項奧斯卡金像獎。

在幾次會議中，編劇人和卡通畫家都紛紛提出了各種意見，但總是以迪士尼的聲音為主，他指出了演出對話和動作的要領，還提示了攝影的角度。他也把他的親身經驗提供給電影當作內容。

有一次在野外露營，四周的鼾聲使他無法入睡，這些鼾聲最後就變成了電影裡小矮人的鼾聲了。

1936 年，迪士尼集中了手下所有傑出的人才來拍攝《白雪公主》。他親自監督和指導每一階段的工作，徵求大家的意見並參加觀看試片等一系列的工作。

拍攝完畢後，《白雪公主》的製作費用超出了原計畫的 3 倍，花了將近 200 萬美元。很多人都認為這部電影一定會使迪士尼「破產」，聯美公司對這部卡通長片也不感興趣。

但是，迪士尼的好朋友對這部電影卻很有信心，他每次到好萊塢時，一定會去迪士尼製片廠一趟。

他看過《白雪公主》毛片後，說：「這一定會成功，我的音樂廳一定要放映。」

美洲銀行的一位董事是個米奇迷，迪士尼製片廠所需的鉅額款項就是透過他得到的。

剛開始，他心中也沒有把握，而且他的朋友以及董事會都在向他施加壓力，並全力勸阻他不要再給迪士尼的《白雪公主》貸款。

但是，當他看完了《白雪公主》後，說道：「好極了！我對它滿懷信心。」

迪士尼和聯藝公司的合約在《白雪公主》快完成的時候到期了，聯藝公司堅持要享有把卡通片租給電視放映的權利，迪士尼堅決不答應。

這時候，RKO 公司向他們提出了較好的合約。迪士尼於是和 RKO 公司簽訂了合約，由他們來發行《白雪公主》。

1937 年 12 月 21 日，由 200 萬張圖畫組成、長達 83 分鐘的《白雪公主》首映。這是動畫第一次單獨放映。電影大獲成功，當電影結束時，觀眾起立歡呼。

《白雪公主》在 3 個星期內打破了最高紀錄。7 個小矮人，立刻成為大眾喜愛的偶像。電影中的歌曲更是每家電臺都在廣播。

《白雪公主》發行 6 個月就幫助迪士尼兄弟還清了所有的債務，第一次發行就賺了 800 萬美元。

發售投資股票

《白雪公主》使迪士尼獲得了一座金像獎。

迪士尼每年都去參加金像獎的頒獎典禮，並且通常都會帶回來一個獎，但他總覺得參加這些公開的場合很不舒服。成名之後，迪士尼到公共場所總是被人認出來，他不喜歡這樣。

《白雪公主》的成功指出短片仍應繼續拍攝，但長片應成為創作動力的中心，這就是迪士尼應走的新的方向。

迪士尼繼續擴大他的公司，甚至延伸到了對面的街上。迪士尼兄弟準備建一座新的製片廠。他們繼續吸收更多的藝術家，希望將來能夠同時拍攝幾部卡通長片。

1936 年的除夕，迪士尼和莉蓮的第二個女兒莎倫·梅·迪士尼（Sharon Mae Disney）出生。

1938 年元旦，是埃利亞斯和弗羅拉的結婚紀念日，他們的兒子都聚在一起為他們慶祝。在此之前不久，迪士尼和洛伊在好萊塢靠近洛伊住的地方買下了房子。他們說南加州的氣候

好，終於說服了父母，把他們從小公寓裡接來了。他們越來越關心他們的父母。

由於《白雪公主》的成功，發行商們要求迪士尼製片廠再繼續拍一些以7個小矮人為主角的電影。可是迪士尼不願意總是做重複的工作，他希望每一部電影在風格上都能有所不同。他要按照自己的想法拍攝新片。

第一部是《木偶奇遇記》（*Pinocchio*）。這是一個以木偶和歹徒為題材的故事，迪士尼企圖拍得比《白雪公主》更好。

過程一如既往，先由迪士尼說出他的構想和情節，然後徵詢大家的意見。雖然裡面有許多冒險的情節，但這個故事缺少了《白雪公主》裡面的許多吸引人的角色，而且木偶本身更是一個讓人頭疼的問題，因為他的動作必須簡單、呆板、面無表情，而不能像正常小孩子那樣靈活掌握。

電影拍攝了6個月後，困難越來越大，迪士尼不得不暫停電影的拍攝，另找一個年輕的設計師把木偶修改得更近似一個男孩，而且把他的長條形改得比較圓一點，然後才又重新開始拍攝。

迪士尼重讀原著，發現原著中有一個不大起眼的小角色，那是一隻蟋蟀，曾經勸皮諾丘不要太任性，卻被皮諾丘給踩死了。迪士尼決定取名叫做吉米尼，讓它來做皮諾丘的良心代言人，讓這個木偶真正成為一個具有心靈的小男孩。

吉米尼的出現，使電影面目一新。皮諾丘由木偶變成人的過程，實際上就是獲得一顆人的心靈的過程，於是小木偶皮諾丘終於變得討人喜歡了。

和《木偶奇遇記》同時拍攝的還有另外兩部長片，一部是《幻想曲》(*Fantasia*)，再一部是《小鹿斑比》。

《幻想曲》拍攝完畢後，光是用於音響上的費用就超過了40萬美元，而總費用則到達了220萬美元。

這時的舊製片廠再也容納不下同時拍攝3部長片和定期發行短片的工作任務，因而《小鹿斑比》工作小組先搬到租來的地方工作。而其他一些劇本的研究編寫組、宣傳組、工程組、漫畫組以及訓練組，則都搬到另一地方去了。

1939年8月，新公司落成，公司的一些部門開始遷入；到當年的聖誕節時，整個公司的大部分都已搬入，只有個別部門等到來年春天才能搬完。

為了早日把《木偶奇遇記》搬上螢幕，迪士尼把他認為最有才華的畫家組成了一個拍攝小組，最後又出人意料地增加了烏布。

烏布是1940年初在拍攝工作開始前返回的，迪士尼讓他負責管理技術研究部門。

烏布接下這個職位後一直做了3年，直至無法再繼續工作。他設法改進多層次的製作法，用這種方法可以把繪好的圖拍攝

成許多層次，形成立體感。這種技術對《木偶奇遇記》栩栩如生的風格非常重要。

1940 年 2 月，《木偶奇遇記》終於上映了，耗資 300 萬美元以上，在已拍攝的動畫中是最高的。

由於電影成本太高，《木偶奇遇記》並未能像《白雪公主》那樣立竿見影。再加上 1,000 多名員工，要拍的短片，同時在兩部大型故事以及新廠開業，所有因素導致迪士尼製片廠再次陷入財政混亂的困境之中。

1939 年 9 月，第二次世界大戰爆發，迪士尼製片公司的興旺也隨之而告一段落。迪士尼製片廠 45% 收入是來自海外的。由於德國、義大利、奧地利、波蘭和捷克被捲入戰爭，當然不可能再購買來自美國的動畫了，這使得迪士尼製片廠蒙受了極大損失。

在美國國內，雖然戰爭還遠在歐洲，但美國政府也開始備戰，年輕人紛紛入伍，生活節奏加快了，人們沒有閒暇時間到電影院去觀看動畫，這也導致迪士尼製片廠的收入下降。

經過一系列的挫折，迪士尼意識到他應該收斂一下製作卡通長片的野心了，於是他開始以比較實際的成本拍攝另外兩部電影。但只有一部《小飛象》為他盈利 85 萬美元。

迪士尼製片廠重新陷入了債臺高築的困境。洛伊原指望靠

幾部長片穩穩地賺上一筆，而現在他卻不得不面對 450 萬美元貸款的巨大壓力，銀行不斷打電話來催問，洛伊無計可施。

洛伊找來了迪士尼，說明公司資金的嚴重問題。迪士尼說：「哥哥，你想想過去，還記得我們 14 美元都借不起的情形嗎？我們現在竟能夠欠得起 450 萬美元！」

洛伊聽了頓時愁眉為之一開，也大笑了起來。

迪士尼把頭轉向哥哥：「嗯，你有什麼好的想法嗎？」

洛伊略皺一下眉頭，很認真看了看弟弟，然後慎重地建議道：「看來我們要發行股票了。」

在迪士尼看來，一旦發行股票，今後的許多重大決策就必須徵得股東們的同意，這無異於自縛手腳。而洛伊也正是想成立股份公司來限制花錢沒有節制的迪士尼。

儘管迪士尼不願意在以後的日子裡要聽股東的意見，但到了現在的局面，他再也無話可說了。

於是，他只好聳聳肩，勉強接受了這個建議。

1940 年 4 月，迪士尼製片廠公開向社會出售股票。股票很快就被銷售一空。

迪士尼兄弟用賣股票的錢不僅償還了 450 萬美元的貸款，而且還因此得到了一大筆的流動資金。

迪士尼製片廠從此開啟了新的局面。

與挑戰抗衡

公司的資金問題得到了緩解，但在對公司員工的管理問題上，他必須恰當地處理這些微妙的問題。

很多員工認為自己的發明創造以及成果被迪士尼一個人占有了，都抱有牴觸情緒。迪士尼越出名，那些認為自己的貢獻被忽視了的人就越不滿。

迪士尼一直對謠傳他缺乏繪畫技巧而感到心煩意亂。那些謠傳影響了他的情緒，以致他不能理解這些謠言實際上的起因：這是一群員工最初因為迪士尼不承認他們所作的貢獻而沒有給予正當的報酬感到不滿的聲音。在這個領域裡，大眾認可就意味著應該增加薪水，所以迪士尼的動畫創作人員覺得受騙。

從創作米奇以來，華特的個人功績主要在於製作、經營、宣傳和導演方面的能力，而不是他實際上做了哪些事。報紙上的漫畫不是他畫的，動畫也沒有一部是他畫的。整個繪製工作都是由其他人在他的指導下完成的。儘管多數榮譽屬於華特，但也有很多應該屬於那些做實際工作的人，電影畢竟是他們製作的。

迪士尼充分顯示了自己在動畫製作方面的專業能力和獨特、敏銳的洞察力，在發展中更有前瞻性和主動性。同時，他更注重對員工的管理。

1930 年代末期，全美國各行業不同程度地受到了工會問題的紛擾，好萊塢電影製片廠也不例外。

工人和「全國勞工關係理事會」聯合起來。這時候，美國剛度過了經濟不景氣的大恐慌，工人都在尋求更多的工作保障。

當時，電影界的大亨們對工作人員都是隨意處置的，電影工作人員對這樣的作風很不滿，因此除了卡通畫家外，其他的工作人員都紛紛成立了工會，並開始想辦法把讓通畫家也加入。

由於歐戰，迪士尼公司的財務狀況不好，於是公司內部就有大批裁員的謠言流傳。當時，迪士尼公司內部的狀況已有了很大的改變，以前人不多，現在已經增加到 1,000 多人。

迪士尼在以前人少的時候，可以顧及每個人，現在不行了，有些人覺得被忽視了，有些人則感覺薪資太低。

於是，對於謠言的流傳，公司有部分人就認為唯一的保障方式就是工會。

這時候，「電影卡通畫聯合會」及「電影卡通畫家協會」想聯合迪士尼的卡通畫家。一天，他們威脅迪士尼簽一份合約，否則就發動罷工。但是，迪士尼拒絕了。

1941 年 2 月，迪士尼召集他的工作人員開了一次會，他決定直接把這件事公開讓大家知道，他警告說：「我們正面臨著一個真正的危機，這個危機將嚴重影響我們全體的生存。」

在大會上，迪士尼向大家述說了他從事卡通電影事業 20 年來所經歷過的風風雨雨。

迪士尼講到了他困難的時光，他和洛伊怎樣把車子賣掉，當時是 1928 年，他們把一切東西都典當掉，用以支付員工的薪資；1933 年，他拒絕了和其他製片廠一起採取減低員工薪水的行動；他在過去的 7 年裡，拿出了 50 萬美元來支付員工的紅利和加薪；他和洛伊本應各得 250 萬美元的股利，但他們把錢留了下來，又投資到公司裡去了。

迪士尼之所以把自己的經歷告訴大家，就是希望大家對他能夠充分信任：他所做的都是為了公司的利益，為了全體人員的利益。他希望得到員工們的理解和支援。

然而，迪士尼的談話並沒有多少效果，因為已經發動罷工了。

1941 年 5 月 29 日，一隊「罷工工人糾察隊」站在製片廠門口，阻止員工上班。迪士尼發現這件事以後十分驚訝，他們宣稱已獲得大部分迪士尼的卡通畫家的支援。但是，實際上還有 60％的人在繼續工作。

罷工延續了幾天，但其他人沒有理會糾察隊的阻止，繼續上班。於是，又開始策畫另一場罷工，使得迪士尼公司無法再沖印電影。

迪士尼面對這種狀況，不得不與他們談判，尋求解決的辦法。最後，他對罷工工人發表了一項達成復工協議的條件：

致我的舉行罷工的員工們：

我認為你們有權利知道你們今天沒有上班的原因。我提出下列談判條件：

1. 讓所有的員工恢復以前的工作。

2. 不會受到差別對待。

3. 承認你們的工會組織。

4. 只僱用你們的工會會員。

5. 罷工期間的薪水依照 50% 補發，這是從未有過的。

6. 加薪。

7. 帶薪放假兩週。

我相信你們是受了矇蔽。

我相信這次罷工是由別人的煽動造成的，並曾說服你們拒絕接受這個公平合理的解決辦法。我以這種方式對你們說這些，是因為我沒有別的辦法和你們取得聯絡。

華特・迪士尼
1941 年 7 月 28 日

在整個罷工期間，迪士尼一直注意與工會會汙腐化的員工保持距離。不管是什麼樣的間接關係，都會嚴重損害在大眾中

的形象。所以，迪士尼急於想辦法儘快解決罷工的問題。

但是，由於迪士尼的過激言辭，使勞資雙方的談判又陷入了僵局，一時看不到解決的跡象。

就在這時，美國政府出面了。總統委託財閥來找迪士尼談話，勸他出訪南美洲，同時把解決罷工的問題交給政府去解決。

迪士尼此次出訪並非旅遊，而是一項帶有政治色彩的任務，那就是拍攝一部南美主題的動畫，和南美國家中的親納粹的反美宣傳抗衡。

迪士尼帶去了一批沒有參加罷工的專業人員。他們在阿根廷首都建起一個臨時攝影棚。他們拍攝了《致候吾友》（*Saludos Amigos*）和《西班牙三紳士》（*The Three Caballeros*）兩部動畫，在南北美洲都取得了成功。

迪士尼從南美洲回來的時候，罷工已經解決了，但解決得很糟糕。他們所接受的解決辦法引起了更多的問題。

罷工之後，迪士尼似乎並不怨恨那些罷工的人，有些參加過罷工的人後來還被提升到重要職位。

這樣一來，關於工人罷工的事件總算告了一個段落。

戰時的工作與創造

1941 年，日軍偷襲珍珠港，美國被捲入戰爭。

1941 年 12 月 7 日下午，製片廠經理告訴他製片廠警察剛才通知說，陸軍要進駐製片廠。

此時的迪士尼正在為珍珠港被襲擊而深感震驚，他知道戰爭的打擊已經漸漸迫近他的公司了。

沒過幾天，製片廠就進駐了 500 名陸軍部隊士兵，錄音室的裝備也被搬走，取而代之是用於修理車輛和高射炮的裝置，車庫裡堆放了 3 萬發炮彈。

為了讓出宿舍，畫家們勉強擠在幾個辦公室工作。甚至連迪士尼和洛伊進出也要被查身份證。日本人進攻的危險消除之後，在製片廠住了 8 個月的高射炮部隊才撤走，但又住進了其他軍事人員。

過了不久，美國海軍專門請迪士尼拍攝了有關飛機識別的 20 部短片，此外還有許多為其他部門拍攝的關於農業和工業等方面的專業影片。

影片的訂單很多，而且這些影片都需要深入淺出。這對好勝的迪士尼是一個挑戰，他拿出拍攝的熱情投入了這些電影的製作，並取得了成功。

製片廠的工作人員被徵去當兵，這使得本就不景氣的卡通市場情況更糟。迪士尼不得不停止了長片準備工作及一部短片的拍攝工作。

　　迪士尼製片廠以前每年拍攝 3 萬英尺膠片，而現在由於戰爭的影響，電影不斷拍攝，每年需要 30 萬多英尺，再加上工作人員沒有過去多，因而每個人的工作量都大得驚人。

　　財政部為了鼓勵美國人進行愛國繳稅，請迪士尼拍攝一部電影在全國放映。有 6,000 萬人看過這部電影調查資料顯示，當時繳稅人中 37%是受這部電影影響的。

　　1942 年 8 月發行的《小鹿斑比》花了 5 年時間拍成的，在國外賣了 219 萬美元，在國內只賣了 120 萬美元。

　　1943 年 2 月發行的《致候吾友》在美國賣了 50 萬美元，在南美卻賣了 70 萬美元，成本 30 萬美元，盈利近 100 萬美元，暫緩解了公司財政狀況不足的壓力，但前景仍很難讓人樂觀。迪士尼的電影效益不佳，欠了銀行 400 多萬美元。而在第二次世界大戰中，戰爭片和音樂片卻盈利。

　　有一天，美國銀行駐洛杉磯代表通知迪士尼和洛伊，要他們到舊金山去參加美國銀行的董事會，將討論他們拖欠貸款的問題。

　　他們知道，這是決定他們命運的一次會議，如果美國銀行

決心收貸款，那麼他們兄弟就只有破產一條路了。

美國銀行董事長和創始人在心情沉重的迪士尼以及 20 多位表情嚴肅的董事的等待中到來了。他拍拍他們的肩膀鼓勵他們：「事情會好轉的。」

迪士尼和洛伊回到了洛杉磯。他們又一次逢凶化吉。

由於美國銀行的支援，迪士尼兄弟熬過了戰爭最困難的歲月。

從挫敗中崛起

成就人生輝煌

娛樂大眾是我們的目標，而不是當評論家。

—— 迪士尼

事業的蓬勃發展

第二次世界大戰中，迪士尼為政府工作了 4 年，他與觀眾的口味脫節，而且也掌握不住發展方向。所以，其他的電影公司在戰爭中發了財，而迪士尼公司的財務狀況越來越糟。迪士尼要重建公司，在他的鼓勵下，畫家們紛紛又回來了。

正如洛伊所說，第二次世界大戰結束以後，迪士尼製片廠好似經過冬眠中的熊，瘦得骨頭上連一點肥油都沒有。戰後歐洲經濟匱乏，而且各國政府盡力控制資金外流，因而迪士尼的一些電影在歐洲放映的收入也並不高。這些電影包括《木偶奇遇記》、《幻想曲》、《小鹿斑比》和《小飛象》等。

國內的收入也不多，因此戰後一年，華特·迪士尼公司欠債 430 萬美元，幾乎成了同行業中的欠債大王。迪士尼硬著頭皮，頂著銀行的壓力，想要完成戰前停拍但已設計好的《小飛俠》（*Peter Pan*）或《愛麗絲夢遊仙境》。

洛伊不贊成這種做法，爭執之下，迪士尼被迫放棄了自己的做法。他不用古典音樂，改配流行音樂，拍成了許多音樂短片。《為我譜上樂章》（*Make Mine Music*）是這些音樂短片合成的一部長片，1946 年 8 月發行以後，效果還不錯，雖然有了一點收入，但對公司來說仍是杯水車薪。

　　為解決成本過高的問題，迪士尼只好在本要拍成卡通長片的《南方之歌》(*Song of the South with Uncle Remus and His Tales of Br'er Rabbit: Zip-a-Dee-Doo-Dah*) 中安插了真人。由此，他又找到了一個新的發展方向，其轉折性的電影就是《南方之歌》。

　　迪士尼意識到不能堅持只拍卡通片，而應轉向真人電影的拍攝，迪士尼也為降低電影成本動了一些腦筋。

　　在《南方之歌》中，又採用了他早年使用過的真人進入動畫的辦法。該片中有 70% 是真人戲，只有 30% 的動畫。

　　這部電影的主題歌獲得了 1946 年的奧斯卡金像獎，主角則獲得了特別獎。

　　有一段時間，為了賺錢，迪士尼也曾拍過廣告、教育、工業方面的電影。後來他認為他的公司不應該做這些，就停止了。

　　有一次迪士尼突然想到，戰時有士兵駐紮在阿拉斯加，戰後他們又定居在那裡。這塊唯一沒有被現代文明染指的地方正是拍攝的好地方。當迪士尼得知手上沒有阿拉斯加的照片，隨即請朋友一同前往阿拉斯加。他認為那裡的人們的生活習俗、自然風光以及動物都是很好的拍攝素材，完全可以加以利用。

　　阿拉斯加那一望無垠的大森林，那雪白晶瑩的冰河，那陡峭險峻的山峰，尤其是海豹有趣的生活人人吸引了迪士尼。迪士尼認為花時間拍攝的海豹生活，將會有很高的票房價值。

迪士尼派人到阿拉斯加去根據他們拍攝的電影資料剪輯成一部短片，名為《海豹島》。這是一部成功的電影，但在發行過程卻一波三折。

正如洛伊所預言的，《海豹島》很難推銷，經過幾次非公開的放映後，也沒有人願意發行這部電影。

為了證明洛伊錯了，迪士尼於 12 月下旬在洛杉磯找到一家劇院租用一週時間「偷偷地放映」《海豹島》。

1949 年初，迪士尼證明自己的時候到來了，《海豹島》根據觀眾的反應後，作為 1948 年的最佳短片獲得了奧斯卡金像獎。

頒獎儀式舉行後的第二天上午，迪士尼就在勝利的時刻闖進洛伊的辦公室，把金像向他的頭上扔去，由於他的哥哥迅速躲避到桌子後面去，才沒有被擊中。

另一個派往加拿大的攝影師在拍了幾百萬英尺底片之後回來了。他對自己的工作表示懷疑，可是迪士尼卻剪輯出了一部《美麗谷》。

戲院上演了《海豹島》和《美麗谷》，受到了觀眾的歡迎。

RKO 公司見《海豹島》的成功被觀眾證實，決定幫助推銷。他們發現這種半小時的電影也可以賺錢。風光片一部接一部地問世了，有《沙漠奇觀》、《非洲雄獅》、《消失的草原》和《生命的奧祕》等。

　　迪士尼替這系列取了一個名字《真實世界歷險記》，公司也因此穩穩地賺了一大筆錢。

　　迪士尼和 RKO 公司在英國賺了好幾百萬美元，但這些錢都不能從英國匯過來，因而只能在英國花。這讓迪士尼大傷腦筋。

　　這一時期，迪士尼決定拍攝英國文豪史蒂文森（Robert Lewis Balfour Stevenson）的小說《金銀島》（*Treasure Island*）。他覺得反正錢要在英國花，不如就拍攝一部英國片。他打算用真人拍攝，因為他若在英國拍攝卡通片，那就太麻煩了。

　　這樣一來，他的家人有去英國的機會了。

　　從 1950 年起，迪士尼的運氣開始好轉了，2 月 15 日，迪士尼製片廠推出的動畫《仙履奇緣》（*Cinderella*）再次取得了成功。

　　《仙履奇緣》的故事是根據安徒生的童話《灰姑娘》改編的動畫，故事中的仙杜瑞拉是一位美麗聰明的姑娘。她愛唱歌，能從動物朋友那裡找到快樂，能夠邊工作邊歌唱。她擁有著真正的高貴品格。

　　仙杜瑞拉的頭腦敏捷，但是，她很聰明地隱藏起來，不讓殘暴和自私的繼母和兩個姐姐發現。雖然在家裡繼母只把她當傭人使喚，但是仙杜瑞拉對自己的夢想卻從未放棄。

　　機會終於到來，在仙女的幫助下，仙杜瑞拉穿著水晶鞋，乘坐著豪華馬車，來到了王子的身邊，憑著自己的高貴品格讓

王子對她一見鍾情。

《仙履奇緣》除了獲得三項奧斯卡提名之外，還拿下該屆柏林影展金熊獎的最佳音樂片。自此以後，迪士尼動畫電影開始以拍攝長篇劇情片為主。

繼《仙履奇緣》之後，迪士尼拍攝的《金銀島》也很快上映。故事講述一個關於海盜的傳說。在《金銀島》中，海盜偽裝成廚師混進尋寶船上，表面上溫和待人，但實際上卻是作惡多端，充滿暴戾之氣，不但在暗中指揮船上的海盜活動，還多次密謀等船靠岸時將船上人殺害後再上島尋寶藏，人性的矛盾在他身上暴露無遺。

這部影片本來在好萊塢已經被數次改拍成電影電視，但這一時期再出現，滿足了戰後美國人浪漫冒險的願望。

賺了錢，迪士尼又開始他的第二部真人電影《羅賓漢》（*Robin Hood*），並定於 1951 年夏天在美國拍攝。

這時候，美國電視公司要求迪士尼製作電視節目，想要往電視界發展的迪士尼答應了這一請求。

1950 年底他同意為國家廣播公司製作一個聖誕特別節目。迪士尼扮演一個導演，帶領兩個木偶和他的主人參觀製片廠。

這部電影的收視率很高。迪士尼意識到了電視的價值，也看出了電視事業的發展前途，他又進行教育電影的組織。

　　迪士尼常廢寢忘食地去工廠裡看模型的製作。

　　1950 年，已做了 25 年卡通製片人的迪士尼以其超群的才華，拍攝出各種電影。工作人員想知道迪士尼是否來過辦公室，他們就把紙張整整齊齊地放在固定的地方。他們不知道迪士尼也會像他們一樣把紙張放回原處。

　　看到原封不動的紙張，他們總以為迪士尼週末沒來。其實，迪士尼總是在週末去各辦公室隨便走走，或者坐下來看看。

　　早上 8 點，迪士尼參加會議，接著去各辦公室看看。記者採訪，他願意安排在中午，向他們介紹早晨的工作，以及他的許多對未來的設想、構思，有時也回答些問題。

　　下午他又得去參加會議，並親自看一下各種工作的進度。下午五點時他還要去運動，並喝上一杯威士忌。

　　以前他曾從馬上摔下來，留下後遺症，尤其在勞累了一天之後。所以，他還要抽出時間來接受熱敷、按摩。

　　這時的迪士尼已經接受了哈佛大學、耶魯大學以及加州大學的榮譽學位。但他自從接受了護士的熱敷和按摩後，他覺得護士這一職業十分不容易。有一次，他甚至非常認真地說：「小姐，我願意拿我所有的學位換一個你的學位。」

　　經過按摩治療，精力充沛的迪士尼又開始工作。

　　迪士尼可以憑自己的直覺看出電影內容的優劣來。他會把

那些內容不怎麼樣的電影放在一邊。或許他能在幾個月甚至幾年之後提出改進意見，他總有自己獨特的創造能力。

《小飛俠》、《愛麗絲夢遊仙境》、《睡美人》(*Sleeping Beauty*)、《長毛狗》(*The Shaggy Dog*) 都這樣經過擱置，然後拍出來了。

《小姐與流氓》(*Lady and the Tramp*) 是早在 1937 年就有了初步構想的。

諸多的自然科學家看到了迪士尼的動物真實生活片集的成功，願意提供一些類似的電影給迪士尼製片廠。因此，他拍攝了一部《沙漠奇觀》(*The Living Desert*)，並取得了很大成功。此片，投入 30 萬美元，收入 400 萬美元，是迪士尼公司最賺錢的一部電影。

迪士尼樂園的夢想實現

從小就對火車著迷的迪士尼，不但在自己的辦公室裡有一套玩具火車，而且在新家，也建了小型鐵軌和火車。

迪士尼與全家簽了一項協議書，不得干擾火車。

這套小型火車與真正的火車一樣功能齊全，每一車廂都經

過特別設計，也有按比例縮小的西元 1880 年的報紙。迪士尼家中的火車，構成了迪士尼新企業的一部分。迪士尼每做一件事，連他的嗜好也不例外，都有其更深的目的。

善於觀察的迪士尼注意到，來好萊塢玩的遊客，總以為那裡處處都是明星，應該是一個五彩繽紛的世界。可是，這些慕名而來的人，總是乘興而來，喪氣而歸，因為他們對這裡的一切與他們心目中所想像的有著天壤之別而頗為失望。

當帶著兩個女兒去公園玩的時候，迪士尼發現孩子們的父母都是一臉疲憊的樣子。他還注意到公園的設施也是破舊不堪，服務人員的態度惡劣。

建一個讓小孩和大人都喜歡的公園的念頭在迪士尼腦中油然而生。

他把地址選在一處四角形空地上，他把這個公園取名為「米奇公園」。他把自己的夢想構思寫在 1948 年 8 月 31 日的備忘錄裡。

圍著公園建造一個大村落，村落中有火車站、椅子、樂隊、樹木、花草在公園中都有合適的場地，還有休息和進餐的地方。村子兩端各為火車站和市政廳。市政廳可作為行政大樓。

小一點但很逼真的消防隊就在市政廳旁邊。還有警察局，解決糾紛、找尋失物和走失的小孩等，像普通的警察局一樣發

揮功能，關著幾個人的牢房可供孩子們參觀。

迪士尼還構想了其他東西，如歌劇院、電影院、無線電以及電視廣播室、玩具店、寵物店、書店、玩具修理店、洋娃娃醫院、糖果店、傢俱店、出售迪士尼公司藝術家作品的書廊、音樂商店、兒童衣服商店。

熱狗和冰淇淋攤子，還有舉行生日宴會的飯店以及郵局等。

總之，這裡可謂是應有盡有。為了增加娛樂性，園內還要開闢「西部村」。這裡馬車是主要交通工具。村裡有牧馬場、騎馬場、牧童用具商店、西部電影院，西部博物館裡展出一切與西部有關的東西。

這個藍圖因資金不足而只能暫擱。但是，隨著時間的推移，迪士尼對「米奇樂園」簡直到了一種痴迷的地步。他自掏腰包，聘請顧問對樂園進行設計。

洛伊強烈反對弟弟的樂園計畫，認為弟弟是異想天開。迪士尼不得不用自己的錢來支援。他甚至從他的人壽保險中抽出 10 萬美元，請了一組人員幫他進行設計。

迪士尼不但收集小東西，還收集小動物。他對驢子著了迷，就買了 4 頭帶回迪士尼製片廠，然後又特意請來了專業馴獸師。

1952 年 12 月，迪士尼為這個定名為「迪士尼樂園」的公園組織了一個迪士尼公司。因為怕迪士尼電影公司的那些股東反

對用迪士尼這個名字,又改新公司名為 WED 公司,總經理由他自己來擔任。

迪士尼又請來了設計師從迪士尼的卡通中尋找設計思路。

迪士尼設想的迪士尼樂園占地很廣,再者政府不合作,於是,迪士尼只好重新找地址。

洛伊認為銀行不會借錢給迪士尼建「樂園」,因為欠銀行的債已很多了。但迪士尼並不氣餒。

一天迪士尼問護士:「你會為我建的『迪士尼樂園』投資嗎?」

護士說:「當然會的。」

不久,製片廠內就組成了一個「支援組織」,大多數人都樂意投資。面對這種情況,洛伊才有些贊成「迪士尼樂園」的建立。

有一次,迪士尼對記者說:「電影交出以後,就再也不能變動了。而樂園這東西是可以永無止境地發展下去的,增建、改變,簡直就是個活的事物。這一切太有意思了。」迪士尼對他的「迪士尼樂園」真是狂熱地著迷。

一位借錢給迪士尼的銀行家打電話對洛伊說:「樂園真是個了不起的計畫。」

借款到 1953 年夏天就花光了。迪士尼不得不說服迪士尼機

構的董事會從電視方面來解決錢的問題。他認為從以前的兩次聖誕節特別節目中已證明，電視是觀眾認識迪士尼電影的主要方式。

當時，電視作為大眾傳媒剛剛興起，好萊塢各大電影公司都把電視視為洪水猛獸。他們生怕電視會搶走電影的觀眾和市場，一致認為電影應和電視保持距離，不可把電影賣給電視公司。

電影院老闆也支援這一政策，他們宣布不放映和電視公司有合作關係的電影。

當時有幾家電視公司希望取得迪士尼的動畫和《真實生活的歷險》系列片的放映權，可是他們的努力全都遭到了拒絕。

現在，由於急需資金，迪士尼也就顧不得那許多了。

因為要用電影去換取電視公司的合作，所以電影公司董事會這一關是非過不可的。

迪士尼對董事們說：「以前我們發達，那是因為我們勇於冒險和嘗試新事物。我們不能停止，而必須弄出一些新的東西來。」

他又說：「公司過去是娛樂事業，而遊樂園也是娛樂事業。這是了不起的事業，是娛樂的一種新構想，是全世界絕無僅有的東西，它一定會成功的。」

　　迪士尼激動地含著眼淚，終於說服了全體董事。洛伊去紐約一家電影公司商談簽訂合約的事，但要想讓人家理解「迪士尼樂園」就必須拿出點東西來。為此，設計師在週末趕出樂園的鳥瞰圖來，就這樣，迪士尼樂園的構想第一次得到了確定。

　　經過一番努力，美國廣播公司終於答應投資 50 萬美元，獲得了 30％的股份；而且在此公司的擔保下，迪士尼借到了 450 萬美元。

　　1954 年初，迪士尼改組 3 年前成立了「迪士尼樂園公司」。迪士尼機構和美國廣播公司各投資 50 萬美元，持有 34.48％的股份；西方印刷公司投資 20 萬美元，持有 13.79％的股份；迪士尼投資 25 萬美元，獲得 17.25％的股份。

　　1954 年 4 月 2 日，迪士尼樂園和製作電視節目的計畫宣告完成，電視節目將在 1954 年 10 月開播。

　　樂園地址幾經研究、調查，終於選在一個占地 160 英畝的橘園。

　　在 1954 年 8 月，迪士尼樂園破土動工。迪士尼樂園開工之後，迪士尼就全身心地投入到這項浩大工程裡面去了。洛伊原以為遊樂園只要一開工，就可以坐等落成典禮了，他沒想到接下來的麻煩事還有很多。

　　在建造遊樂園的過程中，迪士尼還是像他以往拍電影一樣

不計成本，這就使得原來的預算一再被突破。

當時製片廠的財務狀況有所好轉，但仍然不夠支付建造遊樂園的龐大開支。洛伊只好像以前那樣為了支援弟弟的花銷，不得不到處找錢。洛伊常到銀行去貸款，但現在迪士尼樂園的預算由 700 萬美元增為 1,100 萬美元時，美國銀行就只好邀約紐約銀行家信託公司共同提供借款。

迪士尼的工作人員一週工作 48 小時，迪士尼也和他們一起。他嚴格地要求每一件事，甚至垃圾箱都不放過。在他的要求下，垃圾箱和環境配合相當好，簡直成了一項裝飾品。

迪士尼堅持飯店的裝潢一定要講究。在他想來，如果全家人坐在價值 50,000 美元的吊燈下面，食物又美味的話，他們一定會覺得愉快。

工作人員建議造一座水塔，以增加水壓。迪士尼很生氣，水塔會把樂園整個的優美景緻破壞，他下令另想一個辦法。工人們集思廣益，最後把水從好幾個水源導來，以確保足夠的壓力，為此付出的花費比預想的要多得多。

工人們想建行政大樓的建議也讓迪士尼駁回了，他說：「遊客是來樂園遊玩的，不是來看行政大樓的。而且，你們也不應整天坐在辦公室裡，而應該到樂園的各個地方去走走，看看遊客在幹些什麼，想想該怎樣使他們玩得更高興。」

　　迪士尼還十分注意綠化，他要讓樹也成為園景的一部分。楓樹和楊樹在園子的東部，松樹和橡樹在園子的西部。

　　有一回，他乘著國內的火車去視察各處的景觀，有一些樹遮住了他的視線，他便命令道：「把那些樹往後挪50公尺，我要讓遊客看清這裡所有的東西。」

　　樂園快要建完的時候，一位母親從美國東部來了一封信，信中說她生病的7歲兒子有兩個夢想，其中之一是希望能坐坐迪士尼樂園中的火車。

　　當這位母親帶著她的孩子到了加州，打電話到製片廠時，製片廠的人告訴他們星期六早晨到樂園去找迪士尼。經過一番長途跋涉，他們到了樂園，見到了迪士尼。

　　「聽說你想看我的火車，太好了，走，我們去。」迪士尼邊說，邊把孩子抱了起來，往鐵路方向走去。

　　迪士尼把孩子抱進車廂，火車載著迪士尼和孩子做第一次環繞樂園的行駛，沿途迪士尼詳盡地為孩子解說樂園中正在建造的部分。

　　樂園恰好在迪士尼和莉蓮結婚30週年的紀念日竣工。他們發出了請帖，邀請了300人來參加。

　　在7月裡一個溫暖的黃昏，迪士尼迎米了他們的客人。客人們乘坐四輪馬車通過燈光通明的「大街」，穿過「西部樂園」的

大門，到飯店的酒吧間去喝雞尾酒。迪士尼白天在樂園裡辛苦
地工作了一天，這時候輕輕鬆鬆地和朋友、同事歡聚一堂。他
引導大家看園中的各個地方，邊走邊講解。

迪士尼還帶著大家上了「馬克・吐溫號」，船上掛著老式燈
泡，航行開始。美國南方式的樂隊演奏著銅管樂的音樂，侍者
託著盤子，把薄荷白蘭地酒送到客人面前。迪士尼在客人間走
來走去，盡情享受著客人的快樂。經過長時間的艱辛和操勞，
終於看到心願成真，再加上白蘭地酒，他已經有些陶醉了。

客人們回到飯店吃晚飯，歌舞女郎表演著西部輕鬆的歌
舞，一位滑稽演員表演滑稽動作以助興。

大家發現他，就鼓起掌來，他聽到後就從包廂裡爬了下
去，登上了舞臺。

大家都大叫：「講話呀！講話呀！」

但是，迪士尼並未發表演講，只是站在那裡微笑著。大家
又高喊莉蓮的名字，莉蓮帶上兩個女兒上了舞臺。但迪士尼仍
是一句話也未說，只靜靜站著，他臉上幸福的表情已告訴大家
他高興極了。

這時樂隊奏起樂曲，有人上來邀莉蓮跳舞，還有人邀她的
兩個女兒跳舞。很快大家都在臺上跳起舞來，迪士尼也被擠到
旁邊去了。

夜深了，人們見迪士尼面有倦色，決定先讓他回家休息，但又怕他酒後不能駕車。

大女兒對他說：「爸爸，我可以開車送你回去嗎？」

迪士尼說：「當然啦，寶貝！」

迪士尼爬上了後座，把一張樂園的地圖捲了起來，當成小喇叭說話。過了一會兒，女兒忽然覺得後面沒了聲響，一回頭，只見父親像小孩子一般雙手握著地圖喇叭已經睡著了。

第二天，早上 7 時 30 分迪士尼就一路跳著離開了家，到樂園工作去了，絲毫沒有酒後頭痛的現象。

迪士尼世界的設計與構思

1955 年 7 月 17 日，迪士尼樂園正式舉行開幕典禮。

那天一早，慕名而來的觀眾冒著酷暑擠在樂園的大門前。周圍 10,000 公尺內的街道上都停滿了汽車。

開幕式第一天的客人原本都是邀請來的，入場券只有 15,000 張，發給了製片廠的工作人員、建造樂園的人員、新聞界人士、政府要員及許多有關的業務人員。

但不請自來的人數不勝數，結果 30,000 多人擠進了大門。

一方面是因為來人太多，另一方面也因為準備不足，這一天出現了許多事先沒有料到的情況。

各種乘坐工具都被壓壞了；飯店和冷飲店的食物和飲料被吃光喝光；瓦斯管漏氣，被迫關閉；柏油路面未乾，一些女士的高跟鞋陷進瀝青裡；「馬克‧吐溫號」因乘客太多，致使甲板與水面齊平；父母把小孩子從別人的頭頂丟來丟去，以便孩子能搶到騎乘旋轉木馬的機會。一切都亂了套。

迪士尼自己卻沒有看到這些糟糕的情形，他那天到另一個地方去製作電視特別節目。直至第二天他才從報紙上得知了失敗，大部分的新聞報道都表示了不滿。

迪士尼把開幕那天稱為「黑色星期日」，並且把深深印在腦海裡。他馬上召集工作人員，解決燃眉之急。例如：增加乘載量，引導遊客流動，解除樂園附近的交通堵塞，加速供應食物等等。

迪士尼還邀請報紙、雜誌和電訊社的工作人員帶家屬到樂園中。在宴請他們的晚餐會中，他親自到場，為開幕那天的混亂道歉。最後，一切又恢復到原來井然有序的樣子。

迪士尼明白，最重要的是把樂園改造好，消除一切隱患和可能的事故。從這時開始，他每天都在樂園中度過。迪士尼似乎永不疲倦，他時常指著遊客對旁邊的人說：「快看他們！你有

沒有看到過這麼多快樂的人？」

　　一天黃昏，樂園的一位工程人員走過「西部樂園」，看到一個人獨自坐在一把板凳上，那就是迪士尼。他欣賞著「馬克‧吐溫號」冒著白煙航行過曲曲折折的河道的景象。

　　7 個星期過去了，共有 100 萬遊客到過迪士尼樂園，比預計人數多出 50%，收入也比預計超出 30%。

　　1955 年 9 月 14 日，迪士尼樂園電視集在美國廣播公司進行第二季度的播映，這部影集成了全美收視率最高的節目。10 月 3 日，迪士尼又提出新的設想，決定推出兒童節目《米奇俱樂部》（*The Mickey Mouse Club*）。這部節目是迪士尼第一次專門為兒童而設計的。

　　《米奇俱樂部》空前地受觀眾的歡迎。每逢週一至週五下午 17 時至 18 時的播出時間，全美國有 3/4 的觀眾都靜靜坐在家中觀看，不僅兒童，連大人都會唱。

　　在好萊塢奮鬥了 30 年，迪士尼不僅獲得了成功，而且遠遠地超出了他的夢想。他一連拍攝的 4 部電影全都轟動一時，兩部電影影響力深遠。

　　關於電影，迪士尼已形成了自己的看法。

　　有一次他說：「年輕時，我曾看過一本有關藝術的書，作者勸告年輕的畫家要自成一格。我就是這樣。既然生來就是個平

凡的人,那麼始終就只追求平凡的東西。」

影評人、學者甚至他的女兒都批評他說電影太平凡了。

迪士尼卻說:「或許是這樣,但玉米是美國人的主食之一,大家都喜歡吃自有道理。」

還有一次他去法國,一群法國卡通片拍攝人向他請教,他回答道:「不要搞什麼前衛的東西,誇誇其談的藝術是不夠的,得要人們喜歡才行。」

慢慢地,「迪士尼」名聞全世界,到美國訪問的皇室們都堅持要到樂園一遊。迪士尼炫耀他的樂園就像父親炫耀引以為自豪的兒子。第一位參觀樂園的外國元首是印尼總統,後來泰國國王和王后、摩洛哥國王、尼泊爾國王和王后都曾光顧過樂園。

不可避免的是,樂園的人們經常會認出迪士尼,當大家只顧注意他而忽視了貴賓時,他會覺得窘迫不堪。這種時候,他往往會說:「請看這裡,這是比利時國王,一位真正的國王。」或者說:「這位尊貴的客人你應該認識一下,他是印度總理……」

迪士尼還是常常到樂園中去,除了觀看遊客的反應,便是研究該怎樣改進樂園,使遊客玩得更愉快。

有一次,他看到樂園中「馬克·吐溫號」正緩緩地駛離碼頭,只有幾艘小船穿梭往來,他就要求工作人員再增加一艘大船。

不久,大帆船「哥倫比亞號」便出現在河上了。

　　迪士尼在建立樂園之前就對樂園做了這樣的構想:「迪士尼樂園的宗旨:使人們在這裡找到快樂和知識。」為此,他還把維持整個樂園的形象放在首位。

　　迪士尼要求樂園的工作人員對遊客要高度熱情、彬彬有禮。一次,當他聽說一位鐵路車長對客人很粗魯時,迪士尼對助理說:「你和他談談,如果他還不能變好,就只能讓他離開樂園。遊客到這裡來是為了尋求歡樂,不能帶來歡樂的人我們不要。」

　　一般乘船遊覽一次,需要 7 分鐘。迪士尼發現,由於駕駛和導遊偷懶,4 分半鐘便結束而返航。他要求他們立即改正錯誤,他明確指出:「那些河馬是我們花錢做出來的,一定要讓遊客仔細欣賞。」

　　由於金錢不足,迪士尼樂園做得不完美。迪士尼最不滿意的就是樂園的附近地帶,旅館飯店招牌林立,破壞了樂園的外觀。他曾對一位記者說:「當時沒有錢,不能買下更大的地方。如果再建一個樂園的話,我一定會控制好園內園外的風格。」

　　電影仍是迪士尼機構的主要產品,迪士尼樂園開幕以後也隨之興旺起來。他透過電視把電影介紹給觀眾,「迪士尼出品」幾乎成了老少皆宜的商標。

　　迪士尼喜歡的食物如墨西哥餅、豆子、漢堡、馬鈴薯,把他的體重不斷增加,因此他決定自我限制。醫生告誡他說吸菸

致癌,他卻始終沒有戒成菸。香菸已經成為他生活中不可缺少的部分,不抽菸他會覺得手足無措。

迪士尼不停地工作,有時候甚至把劇本帶回家看,但是由於他坐直了就會影響他的舊傷,所以他只好彎著腰看。很多時候,半夜裡莉蓮醒來,常會發現迪士尼站在梳妝檯前,研究劇本,畫圖,或自己跟自己討論。

迪士尼樂園越辦越成功,許多人爭相投資,勸迪士尼在別處另建一個樂園。迪士尼雖然堅持說「世界上應該只有一個樂園」,但事實上他另有計畫。

一次,他對同事說:「其實,迪士尼樂園只包容了美國的1/4,還有很多區域有待於我們表演給人們看。」

迪士尼清楚地知道需要新的目標,不僅要在樂園中增加些新東西,還要接受新的挑戰,以提高技術水準、拓寬想像力。迪士尼看到 WED 公司的技術和組織成熟以後,他想可以建一座比樂園更好的東西。

榮耀與孤獨的交織

1957 年 2 月,迪士尼正式被授予了「里程碑獎」,慶典宴會在比佛利山的希爾頓酒店的大廳裡舉行。

受邀請的來賓在享用過雞尾酒和餐前小吃後，都到大廳落座。大廳的一端有個演唱會，迪士尼創作的那些「角色」都穿著禮服在上面等候客人們。一個米奇坐在迪士尼的主賓席上。

儀式開始，開始先唱國歌，然後由宣讀幾個知名人士的賀信。

接著頌揚迪士尼的是華盛頓最成功的大酒店女老闆，她稱讚迪士尼，以「美好的心靈創造了像米奇這樣的角色。迪士尼是當今最偉大的友好使者。這是因為他展示了那麼多的愛。而且我們知道，這種愛是世界上最至高無上的東西」。

喜劇演員到了迪士尼對幽默的貢獻，將軍則對迪士尼無論戰時還是和平時期都為軍隊服務表示感謝。

迪士尼非常激動，輪到他講話時，他不讓眼淚落下來。

迪士尼開始斷斷續續地回顧他的職業生涯，從早期在堪薩斯做廣告講到了迪士尼樂園的驚人成就。接著，他就擦掉眼淚，沉默地站在鴉雀無聲的大廳裡。

他用激動得幾乎聽不清楚聲調繼續說：「在任何職業中，具有某種天才都是有用的。我得到了這樣的天才 —— 但碰巧是在我哥哥的身上發現的。洛伊管理著公司，掌管國內國外的全部工作。他有一種避免出風頭的謙讓的才能，這一點在此時此刻對他一點好處也沒有。」

當迪士尼把洛伊請到臺上，兄弟倆在聚光燈下緊緊擁抱的時候，長期不和的積怨全部都煙消雲散了。

迪士尼微笑著向大家揮手致意，然後穿過大廳的幾道厚厚的帷幕走出那燦爛輝煌的榮譽的光圈，消失在嚴寒的黑夜裡。

夏天就快到了，迪士尼與莉蓮開始準備到歐洲和美洲去旅行，想看看其他地方的遊樂場有沒有什麼新的花樣。在米蘭時，他學會了大規模製作咖啡的方法，看看能否用來提高迪士尼遊樂場供應的咖啡的品質。

德國之行滿足了迪士尼想在高速公路上開車的願望；在古巴時，他有機會研究了一座火山的遺址，並在新計畫中得以利用；在巴黎時，他帶莉蓮參觀了巴黎鐵塔，那是他最喜歡的一個地方。

回到洛杉磯後，迪士尼就重新開始思考適合新的製作的專案。同時他還指示迪士尼公司開始研製一些展品去參加 1964 年的紐約世界博覽會。他的計畫還包括向通用電氣公司、百事可樂公司、福特公司以及伊利諾伊州提供一些節目。

勇敢攀登新的高峰

1961 年，迪士尼重新發行了原來最不受歡迎的電影之一《幻想曲》。

當時有很多原因：歐洲在打仗，華特的動畫改變了風格；有人認為那種藝術對古典音樂愛好者來說太短，對其他人來說又太長。

像一個已經老了的職業拳擊手搖搖晃晃站不穩一樣，迪士尼感到不得不再次跨進那有魔力的拳擊場作最後一次的搏鬥。

為了要鄭重地告別人世，迪士尼又一次凝視著他心靈的五彩繽紛的世界，以創造出一部反映最崇高和諧的總結性作品的電影。這部電影應該具有鮮明的輕鬆愉快的喜劇色彩，雖然有內心感情的陰影使之失去光芒，但現實的熱情又把它從陰影中拯救出來。最後，迪士尼充分顯示了他想像中的最大的恩人的光彩，體現這一點的是個漂亮可愛的英國小保姆，名叫瑪麗·包萍（Mary Poppins）。

迪士尼好多年以前就已知道這是一部小說。《瑪麗·包萍》描述了一個有魔力的保姆，她讓富有但非常守舊的銀行家的孩子們重新體驗失去了的父愛。

迪士尼第一次接觸這位出生於澳大利亞的作家，是在第二次世界大戰期間。當時她居住美國，她成年後大部分時間都住在倫敦。迪士尼聽說她在紐約，就派洛伊去拜訪她，希望買下她的小說版權。她像對待所有其他製片廠一樣，不同意考慮洛伊的建議。

這位莊嚴和執拗的太太完全不喜歡她所認為的電影這種「粗俗的藝術」，特別不喜歡好萊塢拍攝的電影。

　　在隨後的幾年中，迪士尼又做過多次努力，想獲得《瑪麗‧包萍》的版權，但都沒有成功。最後他於 1960 年到倫敦旅行時，親自拜訪了她。她發現這個迪士尼跟他的哥哥不同，很聰明、可愛，而且頗有說服力。

　　迪士尼很快就讓她確信只有他才能恰如其分地把她的小說搬上螢幕。為了能談成這筆交易，迪士尼同意她兩個條件：第一，不能把小說改編成動畫；第二，改編的電影劇本要由她最後審定。

　　除了第二次世界大戰期間來自軍方的指令外，這後一個要求在迪士尼製片廠的過去是史無前例的，大概也是最後一次。

　　獲得了改編權後，迪士尼把她所有的意見統統置之不理。她看過一次粗加工的樣片後，要求修改的地方很多。迪士尼就向她說明，審定劇本的權利只限於劇本，不適用於電影。

　　迪士尼否定了一長串有可能擔任重要角色的名單後，就去見茱莉‧安德魯絲（Dame Julie Andrews），她是百老匯音樂片的主角。迪士尼深深地為她的魅力和天生麗質所吸引，請她第二天就去扮演片中角色。她彬彬有禮但態度堅決地拒絕了迪士尼的邀請。

安德魯絲認為自己在美國電影界是沒有前途的。迪士尼再次運用他的說服力，使安德魯絲接受了他的要求。

拍攝工作開始後，迪士尼對《瑪麗‧包萍》著迷的程度超過了《西班牙三紳士》以後的任何一部動畫或實景片的創作。

迪士尼一連幾個月趕製，像過去那樣搬到辦公室裡住。他對每一個細節都交代得明明白白，要求拍得完全符合他的想法，不管要花多少時間和費用，必須做到他滿意為止。

這種鍥而不捨、專心致志的努力，可以從電影中得到印證。《瑪麗‧包萍》把實景和動畫結合得非常巧妙，使小說中許多內容變成了一幅具有描繪兒童幻想特點的圖畫。

迪士尼在這部電影中塑造了這樣一個世界：個性、幸福、表現和滿足都是完全歸因於身體自由所帶來的快樂，在這樣的世界裡，什麼都不需要解釋。

在電影《瑪麗‧包萍》中，自由的定義是從歷史的限制中釋放出來，最後歸於一種精神的解放。

電影中那些孩子般的角色和兒童並沒有獲得新的成熟，但那些成年人由於解放了內心的那個永生的孩子而得到拯救。

《瑪麗‧包萍》是迪士尼描繪希望不斷地勝過憤世嫉俗、青春勝過衰老、生勝過死的喜悅的　幅最美妙的圖畫。這是他永垂不朽的一座宏偉的紀念碑。

這部電影於 1964 年 8 月 27 日首次放映，獲得如潮的好評和鉅額的商業利潤。初次發行的總收入就高達 4,500 萬美元。

　　這部電影還被提名參加第十三屆奧斯卡金像獎評選，獲得了其中 5 項：編劇、配樂、插曲、特效及最佳女演員獎。

　　可是，到了 1966 年初他 65 歲時，迪士尼還沒看到新工地上有哪些建築物完工，就由於健康情況突然惡化而不得不減少許多活動。

　　他的整個臉似乎都由於慢性鼻竇炎而顯露出痛苦的表情，這種痛苦常常使他無法忍受，甚至晚上要在臉上熱敷才能入睡。他的頸部和背部經常發作的疼痛在過去幾個月裡變得更加嚴重了，護士每天的治療越來越沒效。

　　他增加了止痛藥的劑量，並總是用蘇格蘭威士忌或者伏特加服藥。這兩樣混在一起，無疑會使他更加健忘和糊塗。

　　他常常把孩子、員工及一些著名人士的名字搞亂，他的聲音變得更加有氣無力了。製片廠的人曾不止一次地看到他走過門廳時忽然一下子扶住牆以免暈倒或者跪下，好像痛得站不直了。他還患了慢性病，要定期上醫院。

為夢想不懈奮鬥

各式各樣的榮譽源源不斷地落到迪士尼的身上。

使他引以為自豪的是，總統在白宮授予他的自由勳章，這是平民所能得到的最高勳章。

總統在頌詞上這樣評價迪士尼：

身為一名藝術家，華特‧迪士尼在娛樂方面，已經創造出了一個美國民間的奇蹟。

能夠得到這樣的評價，迪士尼興奮不已。

另外，他一生中獲得的獎狀、名譽學位及各種獎品共有 700 多種，其中包括：29 項奧斯卡金像獎、歐文‧G‧托爾伯格紀念獎（Irving G. Thalberg Memorial Award）；總統的自由勳章；法國的志願兵榮譽獎。這些都是對他為電影業所作的傑出貢獻的極高獎賞。

他的動畫將繼續給各種年齡的兒童帶來快樂，他們都愛看一隻小老鼠的各種滑稽動作、一隻脾氣急躁的鴨子，以及其他許多令人難忘的藝術形象。

他的動畫將每隔 7 年重新放映一次，使新的一代感到驚奇和興奮。同時，帶有他的名字的遊樂園也將繼續向遊客展示一個青春永駐的世界，這是許多人都會接受的永久紀念。

榮譽一再落在他身上，但最讓他感到快樂的是以他的名字來命名學校。

　　1966 年美國元旦，迪士尼出現在螢幕上，有千萬名觀眾見到了他。

　　觀眾們每星期都可以在電視影集上看到他，因此這次看來他似乎也沒有什麼改變：頭髮直直的，鬍鬚修剪得很整齊，稍有點灰白，開朗的笑容和上揚的眉毛依然如故。可是接近他的人，可以看出歲月不饒人，他畢竟難比從前了。他已經 64 歲，難以再有過去那無窮的精力了。

　　舊傷越來越嚴重，疼痛從頸部蔓延到了背部和左腿，每天下午的治療已經不太奏效了。臉部的疼痛時時侵擾他，經常在晚上發作，使他徹夜難眠，必須用熱敷才能減輕疼痛。各種慢性病，也纏繞著他。

　　長期的鼻炎需要每週治療、腎炎的襲擊，也使他住進了醫院，他還常常感冒，有兩次還發展為肺炎。

　　疾病，使他隱隱感到那個老預言會變成實際，那就是他會在事情沒做完以前死去，他對工作抓得更緊了。

　　雖然他的精神衰退了，可是他做的事情並不比以前少。他每天都要到公司去，籌拍新的電影，檢視「迪士尼世界」的進展情況。有時他還到外地去，這時他已有了一架飛機，乘坐飛機

外出確實更方便。

可是，迪士尼的健康狀況更糟。他的聲音沙啞，左腿僵硬，痛苦萬分。回來後，迪士尼住進醫院檢查，結果表示，他必須儘快手術，可是迪士尼卻不肯，因為他還有許多事情要做。

7 月 24 日，迪士尼主持了迪士尼樂園的開幕後，不得不住進了醫院。

X 光顯示必須立即動手術，然而迪士尼仍然決定等到年底再說。

1966 年 9 月 19 日，迪士尼和當時的加州州長，舉行了一次記者會，高山上氣候寒冷，迪士尼著了涼，這也是他最後一次記者會了。

進入秋季，製片廠開始拍攝《與森林共舞》(*The Jungle Book*)。這是根據英國作家魯德亞德・吉卜林 (Joseph Rudyard Kipling) 關於印度少年毛克利與印度叢林中的動物的故事改編的一部動畫。故事講述在一片美麗的叢林裡，有許多可愛的小動物，牠們幸福地生活在一起。可是，突然有一天，獵人拿著槍去打獵，小動物非常可怕，就連滾帶爬地從獵人的眼皮下逃走了。可是，有一隻小猴被獵人抓走了，獵人一次次地折磨小猴，大家看不下去了，就齊心協力把獵人趕走了。

雖然迪士尼很想參加這部電影早期的一些拍攝工作，但未

能如願，因為治療都沒有使他的疼痛減輕。

10 月初，迪士尼帶著一張草圖去出席「迪士尼世界」會議。10 月 29 日，迪士尼接受美國森林協會的獎章，表彰他對保護自然資源的貢獻。等回來時，他已呼吸不暢。

之後，迪士尼進醫院檢查，X 光發現他左肺有一核桃大的陰影。醫生宣布：「立即手術！」

但是，迪士尼還是回到製片廠，參加戲劇藝術的一次全國會議。之後的幾天裡，迪士尼參加加州藝術學院全體理事會議，歷時 4 小時。

會後，迪士尼去理了髮，修了指甲，並看了 43 分鐘的電影。星期六，他在家休息了一天。第二天，迪士尼自己開車到醫院。

手術在星期一早晨。

迪士尼安慰大家不要緊張。

過來很久，醫生出來了，說：「我很遺憾，他只能活 6 個月到 1 年了……」全家人都不相信。

迪士尼的情況惡化，比醫生預料的還要壞，迪士尼越來越虛弱，藥物治療使他神志不清。

迪士尼和莉蓮一起過了感恩節。

11 月 30 日，迪士尼在自己家裡暈倒後，經醫生搶救甦醒後

由私人的救護車送去了醫院。

醫生立即對他進行治療。兩天後，迪士尼開始不斷失去知覺，當他清醒時，又會陷入妄語狀態。

一會兒，他想像自己才 10 歲，大聲對著埃利亞斯和弗羅拉講話，一會兒，他又懇求他的「兒子」米奇留在他身邊。

1966 年 12 月 5 日，這一天是迪士尼 65 歲生日。他睜開眼睛，看到妻子和兩個女兒正圍著他唱生日快樂，他就靜靜地注視著天花板。

在這以後，迪士尼幾乎每一天都只能在床上度過。他吃不下飯，睡不好覺，他覺得一點力氣都沒有，就連說話都很困難。

12 月 14 日整個下午莉蓮都獨自守在他身旁。這時他想下床，但已經不行了。她緊緊地抱住他，直至他睡著為止。那天晚上他睡醒後還和洛伊靜靜地待了一個小時，洛伊曾向他保證華特‧迪士尼世界會按時對外開放。

洛伊在將近 22 時的時候含著眼淚離開了。到了午夜時，迪士尼要求把他的床頭升高，讓他能往窗外看看他的製片廠。

但外面黑黑的一片，什麼也看不見。

莉蓮於是去請求洛伊幫忙。

很快，洛伊下令將所有的燈光都開啟。迪士尼滿意地看著自己心愛的工廠，眼睛裡充滿著不捨。

第二天早上，也就是 12 月 15 日 9 時 35 分，迪士尼永遠地閉上了眼睛。

　　在他去世的當天，《紐約時報》刊登了這樣的標題：

　　米奇王國的創始人 —— 華特・迪士尼，與世長辭。

　　在這份報紙上，還刊登著這樣一篇訃告，訃告這樣寫道：

　　華特・迪士尼開始時幾乎一無所有，僅有的就是一點繪畫才能，與所有人的想像相吻合的天才般的想像力，以及百折不撓一定要成功的決心。最後他成了好萊塢最優秀的創業者和全世界最成功的漫畫大師……

　　當晚，晚間新聞的頌詞中這樣說道：

　　華特・迪士尼是一位富有創造性的天才，他為全世界的人帶來了歡樂。但若我們僅僅從這一方面去判斷他所作出的貢獻，是遠遠不夠的……

　　華特・迪士尼在醫治、安慰人類心靈方面所作的貢獻，也許比世界上任何一位心理醫生都要大……

　　他永遠活在人們的心中，他的精神將使我們建立自己擁有「無限能力」的信心，不斷激勵著我們的前進。

　　迪士尼病逝的消息一傳開，世界各國報紙紛紛報道這一消息，大家稱之為「人類的損失」，許多國家元首致電哀悼。

　　兩天後，迪士尼的遺體被火化，骨灰被安葬在美國加州，

在那裡，立著一塊小小的紀念碑。

迪士尼的哥哥、合夥人 —— 洛伊，在紀念文章中充分概括了迪士尼獻身於迪士尼娛樂事業的一生：

華特・迪士尼是無法替代的。身為迪士尼製片廠的總經理兼董事長，我要向大眾、向股東們，向我們的 4,000 多名員工中的每一位負責任地保證，我們會繼續按照他所確定和指引的方向來經營迪士尼公司。

華特・迪士尼把他的一生，而且幾乎是除了睡眠外的全部時間都獻給電影的創作，用於迪士尼樂園、電視節目和多年來以他的名義進行的其他各項活動。華特・迪士尼把許多有創作才能的人團結在他周圍，這些人都了解他透過娛樂與大眾溝通的方式。迪士尼的方式總是獨一無二的。他還建立了一個獨一無二的企業，有一批使他有理由引為自豪的創作隊伍。

就在迪士尼去世的第二年，1967 年的春天，佛羅里達州批准了「迪士尼世界」，已經 73 歲高齡的洛伊親自來看這項工程。

經過數年的努力，「迪士尼世界」終於在洛伊的監督下建成了。

1971 年 10 月 23 日，「迪士尼世界」開幕，洛伊舉行了一個盛大的儀式，並在會上講了話。

洛伊對來賓說：

我和弟弟華特開始共同創業，這幾乎是半個世紀以前的事情。據我看來，他是一位真正的天才。他有創意，有決心。他目標單一而幹勁十足。整個一生中他從來沒有因壓力過大而偏離他的路線。他幾乎沒有祕密可言。誰願意聽，他就會講，他講他對劇本的構想，講他的計畫，講他的一切。

　　華特的一生就是這樣。

　　這次講話的兩個月後，78 歲的洛伊死於腦溢血。

　　迪士尼兄弟的時代過去了。可是，迪士尼給這個世界留下了大量的動畫電影和兩座遊樂園，這一切已成為人類的永久財富，後人會永遠記住他，並在他的遺產中吸取有益的東西。

附錄

只要這個世界仍存幻想，迪士尼樂園將永遠延續下去。

—— 迪士尼

經典故事

寬容接受對手

　　就在《木偶奇遇記》開拍不久的一天下午，迪士尼的祕書匆匆走進老闆的辦公室，報告說有一個叫烏布的要見他。

　　迪士尼聽到之後，興奮地衝出辦公室。

　　烏布曾經是迪士尼的好朋友、好同事以及好下屬，但是之前烏布背叛了迪士尼，到另外一家電影公司。之後，烏布也開了一家電影製片廠，在動畫界一直與迪士尼互相競爭。

　　「我想你已經聽到消息了。」坐在迪士尼的辦公室裡，烏布說，「我沒有獨立經營的能力，我公司倒閉了。你是我唯一想到的可以投靠的人。我有債務，必須找個工作。」

　　「你需要多少錢？」迪士尼說著，伸手去拿支票，「另外，我想知道你什麼時候能來上班，我們會安排一間辦公室。」

　　不久，烏布來上班了。按照他的請求，迪士尼同意他不參與動畫製作，而是提供了一個實驗室，讓他專心從事攝影和動畫技巧的實驗。

　　烏布在他的這個崗位上默默地工作著，直至他再也無法工作為止。

待人平易近人

迪士尼成為名人後，並沒有把自己當成名人，他始終保持著平常人的心態。

當迪士尼的女兒六七歲時，她和別的孩子一樣喜歡米奇，但她居然不知道米奇的創造者就在自己的身邊。後來她偶然聽說創造米奇的迪士尼就是自己的爸爸，她大吃一驚。她不知道她的爸爸是名人，因為沒人告訴她。

迪士尼也非常尊重他手下的藝術家們，他和他們保持一種平等的關係。迪士尼和大家一起開玩笑，讓大家稱呼他的名字，不喜歡被稱作「先生」。

有一次一個新來的員工叫了一聲「廸士尼先生」。

迪士尼便告訴他：「今後你就叫我華特。」

有一次在討論劇本的時候，迪士尼想抽菸，有一位員工好心地為他點火，一不小心，打火機的火苗燒到迪士尼的鬍子了。

迪士尼大叫起來：「你想把我燒死啊？」

事後這位員工心中忐忑不安，以為一定會被開除。不料第二天他接到迪士尼的電話：「喂！中午一起吃飯好嗎？」

於是，兩個人在大家的注視下一起在餐廳裡吃午餐。

重視人才

有一位動畫畫家是個有能力的人，他善於抓住喜劇角色的特點，創造出深受歡迎的喜劇動畫明星。

而且他一天畫出的圖畫夠拍 40 英尺長的膠片，而一般人只能拍 10 英尺至 15 英尺。

他明白自己的價值，向迪士尼提出加薪的要求。

「你想要多少？」迪士尼問。

「每週 300 美元吧！這不算多。」

「天啊！」迪士尼叫起來，「我也只賺這麼多呀！」

「你賺多少我不管，可是我要 300 美元。」

「好吧！好吧！我會通知洛伊的，給你 300 美元就是了。」迪士尼說道，「你值這個數字。」

對父母孝順

雖然製片廠總也走不出債務的陰影，但迪士尼畢竟有著固定而豐厚的收入。這時，他想起了父母。

迪士尼和哥哥洛伊決定把父母接到洛杉磯，好讓他們安享晚年。兩位老人很高興地答應了。

當埃利亞斯和弗羅拉抵達洛杉磯時，迪士尼親往車站迎

接。一見面，迪士尼便呆住了。迪士尼心目中的父母一直還是當年的模樣，而眼前的父母卻變得年邁體衰、老態龍鍾。

歲月無情，父母已經衰老，將要走到生命的盡頭。迪士尼忍不住雙淚長流，緊緊地擁抱著母親，說道：「媽媽，我可憐的媽媽，總算又見到您了！」

老兩口先住進了洛伊的家，並且在那裡度過了他們的結婚紀念日。不久他們就遷入了迪士尼為他們準備的新居，那裡離迪士尼的家很近，這樣便於照顧他們。

此時的母親似乎對一切都失去了興趣，迪士尼在工作之餘總是要陪一陪母親，並且想方設法讓母親高興。

但是，一件意外的事發生了。

由於家中的鍋爐漏氣，體弱的母親因窒息身亡。迪士尼悲痛欲絕，把自己關在辦公室裡不肯見人。他覺得自己沒有照顧好母親，之後，迪士尼一直陪在父親身旁，直至父親去世。

米奇的「誕生」

華特・迪士尼年輕的時候在教堂裡幫人畫畫，過著孤獨、窮困潦倒的生活。

他沒有能力租用畫室，只能租用一個廢棄的車庫。

在這個廢棄的車庫裡，華特・迪士尼變得很頹廢。更讓他

惱火的是，每天晚上睡覺的時候，都會有一隻小老鼠跑出來叫個不停，甚至跑到他的耳邊「跳舞」。

然而時間一長，迪士尼就習慣了，感覺噪音變成了音樂，任由小老鼠在他的畫室裡玩耍，還經常把自己的麵包分給小老鼠吃。

漸漸地，迪士尼和這隻小老鼠成為要好的朋友。

皇天不負苦心人，這位年輕的畫家終於等到了機會，到好萊塢畫卡通，但他的畫稿屢屢被退，迪士尼開始懷疑自己的才華。

又是一個不眠之夜，迪士尼認真回想自己多年的經歷，忽然聽到叫聲，靈光一閃，耀眼的卡通明星 —— 米奇，就這樣誕生了。

有意義的禮物

每年的聖誕節來臨時，他都要委託祕書送禮物給工廠的上千名員工，而這些禮物又大多是唐老鴨、米奇。

他總是到聖誕節前一兩天去買一些貴重的香水，作為送給太太和女兒的禮物。

但是，如果他身邊的人要買禮物給他，這可就難了！

因為他不喜歡接受別人的禮物，就算是接受，他也只喜歡簡單而有情趣的東西。

一次，他的護士花了不到一塊錢買了一隻萬花筒，送給他，他高興極了。每當有客人來時，他總是得意地要客人看他的萬花筒。

禮物是不分貴賤的，他就是這樣一個非常容易滿足的人。

一生的時光軌跡

- 1901 年 12 月 5 日，出生於芝加哥。

- 1906 年，隨家人搬到農場。

- 1907 年，開始塗鴉畫畫。

- 1909 年，開始上學。

- 1911 年，隨家人搬到堪薩斯。

- 1917 年，隨家族搬回芝加哥，開始上高中。

- 1918 年，漫畫作品被校刊登出，第二學期成為校刊美術編輯。和三哥洛伊謊報年齡從軍，被徵召參戰，到法國照顧美軍傷兵。

- 1919 年，回美後立志要當畫家，告別父母又來到堪薩斯。

- 1920 年，與朋友創業成立「迪士尼廣告公司」，但不久倒閉，開始接觸動畫。

- 1922 年，嘗試卡通，完成一系列卡通，賣給電影商。

- 1923 年，開始推出系列卡通。由於發展不易，到洛杉磯與三哥洛伊同住，繼續拍攝《愛麗絲》系列。

- 1925 年，與莉蓮結婚。

- 1927 年，推出《幸運兔奧斯華》卡通。

- 1928 年，員工被挖角，迪士尼被迫放棄《幸運兔奧斯華》。米奇在車庫裡誕生。

- 1929 年，米奇大受歡迎，因此繼續推出多部米奇的短片作品。同年開始推出《糊塗交響曲》系列短片。

- 1932 年，因創造米奇，榮獲奧斯卡特別獎。同年，推出了世界第一部彩色卡通《花與樹》。

- 1933 年，推出《三隻小豬》，片中主題曲成為熱門流行歌。

- 1934 年，創造出唐老鴨。

- 1935 年，推出第一部彩色米奇卡通《米奇音樂會》。

- 1937 年，推出影史第一部長篇動畫電影《白雪公主》。

- 1939 年，因為拍攝《白雪公主》，獲奧斯卡特別獎。

- 1940 年，推出動畫《木偶奇遇記》。

- 1941 年，遭遇罷工潮，迪士尼感到受挫。推出一部特別電影《迪士尼片廠之旅》（*The Reluctant Dragon*）。因製作首部

立體音電影《幻想曲》，獲得奧斯卡特別獎。受美國政府之託赴中南美洲親善訪問，推出動畫《小飛象》。

🐭 1942 年，推出動畫《小鹿斑比》，首創渲染式水彩概念畫法。

🐭 1943 年，推出紀錄片動畫《致候吾友》。

🐭 1945 年，推出動畫《西班牙三紳士》。

🐭 1946 年，推出動畫《為我譜上樂章》。同年，推出真人與動畫共同主演的《南方之歌》。

🐭 1948 年，推出第一部《真實世界歷險記》（*True-Life Adventures*）的紀錄片電影《海豹島》，以及動畫《旋律時光》（*Melody Time*）。

🐭 1950 年，推出動畫《仙履奇緣》（*Cinderella*）。並推出了第一部完全由真人主演的電影《金銀島》（*Treasure Island*）。之後，繼續推出《真實世界歷險記》。

🐭 1951 年，推出動畫《愛麗絲夢遊仙境》。

🐭 1952 年，為了籌備迪士尼樂園，獨自成立了 WED 公司。

🐭 1953 年，推出動畫《小飛俠》。成立「博偉公司」，自行發行電影。推出第一部由博偉所發行的電影《沙漠奇觀》。

🐭 1955 年，加州迪士尼樂園開幕。米奇俱樂部成立，並推出電視電影以及首部寬螢幕動畫《小姐與流氓》。

- 1959 年，推出動畫《睡美人》、經典喜劇《長毛狗》。迪士尼樂園推出單軌列車。

- 1960 年，推出《快樂小天使》、《海角一樂園》等經典名片，捧紅許多明星。

- 1961 年，推出動畫《101 忠狗》（*One Hundred and One Dalmatians*），採用全錄影印創新技術。同年，推出經典名片《飛天老爺車》（*The Absent-Minded Professor*）、《小紅娘》。在 NBC 推出《彩色世界》電視時段。

- 1963 年，祕密飛往佛羅里達物色第二座樂園地點，並且推出動畫《石中劍》（*The Sword in the Stone*）。

- 1965 年，迪士尼樂園盛大慶祝 10 週年。同時，佛羅里達州迪士尼世界計畫宣布。

- 1966 年，參加紐約年度花車大遊行。推出首部小熊維尼短片《小熊維尼與蜂蜜樹》（*Winnie the Pooh and the Honey Tree*）。

- 1966 年 12 月 15 日，因肺癌醫治無效去世。

名言

- 去做不可能的事，是一種樂趣。

- 我愛米奇勝過女孩。

- 如果不繼續成長，就會開始走向死亡。

- 所有的卡通人物和神話必須誇張、諷刺：這正是想像和神話的本質。

- 我想為每個卡通人物建立一個豐滿的個性 —— 使他們人性化。

- 米奇根本就不是一隻老鼠，或像老鼠一樣的東西，同樣唐老鴨也不再是一隻鴨子。

- 當人們嘲笑米奇時，是因為他非常有人的特性，這就是他受歡迎的祕密所在。

- 我非常喜歡動物和歡笑。

- 卡通動畫作為敘述故事和視覺娛樂的一種方式，可以為世界各地不同年齡的人們帶來歡樂和資訊。

- 只有角色變得人性化，才能讓人覺得可信。

- 米奇對我來說是獨立的象徵。他是用來達到目的的方法。

- 動畫與其他形式不同。它的語言是諷刺式的。我們最困難的

工作就是開發卡通片中的非自然但看起來又是自然的東西。

對於他，我們全部的意圖或希望就是他能繼續為各地的人們帶來笑聲和嘲笑。我們沒有為他新增任何社會象徵的負擔，我們也沒有把他作為挫敗或苛刻諷刺的代表。米奇只是一個為了帶來笑聲而指派的人物。

電子書購買

爽讀 APP

國家圖書館出版品預行編目資料

繪夢者，華特‧迪士尼的不朽傳奇：從畫板起筆，一代動畫大師用夢想繪製的奇幻王國 / 潘于真，蒲永平 著 . -- 第一版 . -- 臺北市：崧燁文化事業有限公司 , 2024.03
面； 公分
POD 版
ISBN 978-626-394-089-5(平裝)
1.CST: 迪士尼 (Disney, Walt, 1901-1966) 2.CST: 傳記 3.CST: 美國
785.28 113002642

繪夢者，華特‧迪士尼的不朽傳奇：從畫板起筆，一代動畫大師用夢想繪製的奇幻王國

臉書

作　　者：潘于真，蒲永平
發 行 人：黃振庭
出 版 者：崧燁文化事業有限公司
發 行 者：崧燁文化事業有限公司
E - m a i l：sonbookservice@gmail.com
粉 絲 頁：https://www.facebook.com/sonbookss/
網　　址：https://sonbook.net/
地　　址：台北市中正區重慶南路一段六十一號八樓 815 室
Rm. 815, 8F., No.61, Sec. 1, Chongqing S. Rd., Zhongzheng Dist., Taipei City 100, Taiwan
電　　話：(02) 2370-3310　　　傳　　真：(02) 2388-1990
印　　刷：京峯數位服務有限公司
律師顧問：廣華律師事務所 張珮琦律師

定　　價：299 元
發行日期：2024 年 03 月第一版
◎本書以 POD 印製
Design Assets from Freepik.com